JN128469

I

戦後教育実践セミナー

戦後の教育実践、開拓者たちの声を聴く

早稲田大学教師教育研究所【監修】
「戦後教育実践セミナー」編集委員会【編】

学文社

まえがき

第二次世界大戦後のわが国の学校教育界では、全国各地の教師たちによって、それぞれに特色のある多様な質の高い教育実践が自主的になされてきた。それらの教育実践は、子どもたちの人間としての豊かな成長を願う教師たちによって、子どもたちや地域の生活の現実に即して個性的に展開された。それは子どもたちに誠実に向き合う教師たちによって実践された、教師としての生き方に基づく日々の真摯な営みであった。わが国の教育界における独特の教師文化である。

早稲田大学教師教育研究所では、二〇一一年度より、わが国の戦後教育のあり方と意味を再検討し、その優れた価値を明らかにして継承することを目的に「戦後教育実践セミナー」を開催してきた。

この間、関係した多くの方々から、それぞれの教育実践に関わる貴重な証言を得ることができた。本研究所では、これらの証言をわが国の教師文化が生み出した財産と考え、未来の教師文化の発展への寄与を願い、著書に集録して刊行することにした。

教員、研究者、学生、市民など多くの皆様が、わが国の戦後教育における優れた教育実践についての理解を深める機会となること、また、わが国の教師文化の継承と発展の一助となることを期待する。

二〇一九年五月

早稲田大学教師教育研究所　所長　藤井　千春

もくじ

佐藤　藤三郎――無着成恭の教えと佐藤藤三郎の学び

第1部

戦後教育実践を読み解く

戦後教育実践を支えたもの
―教師たちの自恃心―

藤井　千春

1　「（試案）」としての学習指導要領

わが国の学校教育では、戦前から個性的な授業方法の開発と実践が教師文化として積み重ねられてきた。大正自由教育運動では、欧米の新教育運動からの影響のもと、教師中心の画一的・注入主義的な教授法に対する批判から、子どもたちの個性・自発性・創造性を生かした活動主義の学習法が、全国各地の師範学校附属小学校で試みられた。またこの時期に新設された私立学校では、労作教育などが取り入れられ、そのような活動を通じて全人教育がめざされた。

昭和に入ると、農村恐慌の中、東北地方の教師たちによって、子どもたちに自分たちの生活の現実を見つめさせ、そこから自分たちの生活の在り方を考えさせることを意図した生活綴方運動が発生した。また、子どもたちの身近な地域での生活を教材にして、地理、理科、歴史などを合科的に取り扱う郷土教育運動も、各地の師範学校を中心に研究・推進された。

戦後のわが国の学校教育界における個性的で多様な方式での教育実践は、このような戦前からの教師文化の伝統との連続において開花したといえよう。軍国主義期の政府による統制や弾圧の中でも、たとえば東北地方の生活綴方教育、信州の生活教育、奈良（高等女子師範附属小）の合科学習などは、地下水脈のように受け継がれていた。本書は「戦後教育実践」というテーマを掲げているものの、戦前の教育実践から継承されてきたわが国の教師文化の伝統を忘れてはいけない。

教師たちの自主的で創意工夫に基づく個性的で多様な教育実践が、一挙に開花・展開したのは終戦直後からであった。

『学習指導要領一般編（試案）―昭和二十二年度―』では、戦前・戦中の教育の在り方について、次のような反省が述べられている。

上の方からきめて与えられたことを、どこまでも、その通りに実行するといった画一的な傾きがあった…。教師の立場を、機械的なものにしてしまって、自分の創意や工夫の力を失わせ、……あてがわれたものを型どおりにおしえていればよい、といった気持におとしいれ……。

そして、子どもたちの学習活動に対する教師のこれからの在り方について、次のように述べられている。

直接に児童に接してその育成の任に当たる教師は、よくそれぞれの地域の社会の特性を見てとり、児童を知って、たえず教育の内容についても、方法についても工夫を凝らして、これを適切なものにして、教育の目的を達するように努めなくてはなるまい。

このように地域や児童の具体に即して、教師自身が教育内容と教育方法を工夫することが奨励された。すなわち、学習指導要領に「(試案)」という但し書きを付した趣旨について、「教育課程をどんなふうにして生かして行くかを教師自身が自分で研究していく手びきとして書かれたものである」と説明されている。

終戦直後の文部省では、戦前・戦中の学校教育に関して、たとえば「公民教師用書」で述べられているように、「児童や生徒を一まとめにして一つのことを型のごとく教えると言ったところが多かった。……命令されれば型の如くには動くが自分から進んで判断して動くことをしない」という反省が共有されていた。そして、民主主義社会の建設のためには、子どもたちの自主性や合理的精神の育成が課題として意識されていた。したがって、子どもたちの自主性や合理的精神が育成されるような学習活動が実施されるために、教師自身の教育活動に対する自主性や創意工夫を要請したのである。教師自身が地域や児童の具体に即して独自の教育実践に取り組むことを通じて、子どもたちの自主性や合理的精神の育成が遂げられることが期待されたのである。

そして、この時期には新設の社会科を中心にして、「桜田プラン」「川口プラン」「福沢プラン」「奈良プラン」「明石プラン」など、全国各地でそれぞれに特徴的なコア・カリキュラムが構想された。教師たちによる自主的なカリキュラム編成が全国的に展開された。また、無着成恭による「山びこ学校」の実践など、個性的な特徴を持つ教育実践も発生した。コア・カリキュラム連盟(一九四八年、一九五三年に日本生活教育連盟と改称)、日本綴方の会(一九五〇年)、教育科学研究会全国協議会(一九五一年)などの民間教育団体も結成された。

2　イデオロギー対立の中での戦後教育の転換

終戦直後の混乱が落ち着いた一九五〇年代になると、イデオロギー対立が鮮明になった。

東西のイデオロギー対立が先鋭化する中、アメリカは対日占領政策を、わが国の民主化＝脱軍国主義・超国家主義から、東アジアにおける「反共の砦」とすることへと転換した。一九五一（昭和二六）年、天野貞祐文相は教育課程審議会に「道徳教育の振興について」を諮問し、文部省は諮問に対する答申に基づいて「道徳教育のための手引き書要綱」を発表した。また翌年、岡野清豪文相は「広義の『修身』を復活させたい」との談話を発表した。さらに一九五五（昭和三〇）年、安藤正純文相は、天皇の在り方を小学校教育に盛り込みたい、また祝日の国旗掲揚と君が代斉唱が望ましいという談話を発表した。そして、マルクス主義の教育論とそれに基づく教育活動が一部で盛んになる中、一九五四（昭和二九）年、「偏向教育の事例」が文部省から国会に提出され、この年、いわゆる「教育二法案」（政治的中立法、教育公務員特例法）が可決された。さらに翌年、日本民主党は「うれうべき教科書の問題」というパンフレットを刊行し、教科書批判キャンペーンを展開した。一九五六（昭和三一）年からは勤務評定が実施され、全国学力調査も開始された。

このようななか、昭和二二年、二六年に発行された「試案」としての学習指導要領は、一九五五（昭和三〇）年に社会科のみ改訂された。社会科の学習活動は、問題解決学習から地理歴史の系統学習へと転換した。すなわち、子どもたちが日常生活から問題を見つけ、自分たちで事実を調べて考えあうことを通じて、民主主義社会を支える成員としての態度や能力を育むことをめざすという学習活動は強制終了された。一九五八（昭和三三）年の学習指導要領の改訂からは、学習指導要領は文部大臣の「告示」として出され、その法的位置づけが明確になり、各学校の教育課程編成に対して法的拘束力を有するようになった。

一九五五年ごろからの一連の教育政策により、教師たちの教育実践には、その内容・方法が学習指導要領によって法的に、またそれに従うことを全国学力テストや勤務評定によって実質的に拘束される状態になった。アメリカの占領政策の転換、イデオロギー対立の激化、自由主義陣営の一員としての国内体制の確立の必要性が急がれた時代状況の中で、教師たちの自主的な創意工夫に基づく教育実践は大きく規制される状態となった。

3　マルクス主義教育学からの戦後初期の学習指導要領に対する批判

確かに上述のような国の教育政策の転換は、教師たちの自主的な創意工夫に基づく教育実践に対する強力な規制ではあった。しかし、それとともに一九五〇年代、マルクス主義の教育学者たちの教条的な主張は、教師たちの自主的な創意工夫に基づく教育実践の「足を引っ張る」というような逆効果を生み出した。

すでに一九五〇年前後から、マルクス主義教育学者からの学習指導要領やそれに基づく新しい教育実践に対する批判が出されていた。その論点は学習指導要領にみられるアメリカ教育学からの影響に対するものであった。

矢川徳光は、昭和二二年の学習指導要領で新設された社会科に対して、階級的・唯物史観的な科学的な歴史認識が欠落していると指摘し、資本主義の適者生存の競争に敗れないよう「上手に生きていく」能力を得させようとするものだと批判している（「新教育への批判」『矢川徳光著作集3』青木書店）。矢川をはじめマルクス主義教育学者たちからの昭和二〇年代の学習指導要領に対する批判は、アメリカ的な資本主義社会に子どもたちを適応させる教育であるという点、およびマルクス主義のいう客観的な科学的知識の習得を無視した学習論であるという点にあった。一九四七年に「反ファッショ・反封建・反官僚」の三反主義をスローガンに結成された日本民主主義教育協会は、翌年、コア・カリキュラムに対してアメリカ教育思想による植民地支配教育の顕著な表れであると批判した（船山謙次『戦後日本教育論争史』四〇頁）。

コア・カリキュラムについては、コア・カリキュラム連盟の内部においても、社会機能法によるカリキュラム構成については疑問が出されていた。その批判の焦点は、社会がその諸要素の間の相互作用的な機能によって成り立っているという、プラグマティズム的な社会観に当てられていた。つまり、社会の諸要素の調和的・相互依存的な機能を取り上げて、それに基づいてカリキュラムを構成するという方法に対する、マルクス主義の立場からの反論であった。このようにコア・カリキュラムに対する批判は、社会の本質を階級間の対立とみなし、その闘争によって歴史は展開してきたという、唯物史観に基づくカリキュラム構成を主張する立場からの反論であった。後に同連盟は『社会科指導計画〈総説編〉』で、この点について次のようにまとめている。

社会機能法は極めて平板な社会認識に終わり、現在の日本社会の仕組みを批判する眼を養うことにはならないであろう。（中略）われわれはこのゆきづまりをはっきりと子どもたちに認識させ、その根をたちきる賢明さと勇気を与えるのが社会科の使命だと思っている。

先のような批判を受けて広岡亮蔵は、一九五〇年、「牧歌的なカリキュラムの自己批判」（『カリキュラム』一九五〇年三月号）で、多くの教育課程がアメリカ的な「社会的協同観を根底とした教育目標」に基づいており、そのため「封建的遺制ともいうべき朋党的な封建的セクショナズム」が残存している当時の日本の現状には合致しないものであると自己批判している。そのうえで、「1生産復興　2輸出振興　3前近代性払拭」という「今後わが国の危機的課題」に対応したカリキュラム構成を提唱した。

そして、梅根悟は、一九五一年、「経験単元、教材単元、練習単元の三層」と「表現、社会、経済、健康の四領域」から構成されるカリキュラム原理を提案した（「コア・カリキュラムの構造と本質の再検討」『カリキュラム』別冊、一九五一年六月）。コア・カリキュラム連盟は、「民衆の立場への接近を示して、その牧歌的な甘さを自己批判」して、一九五一年、「（イ）生産の高度化と経済自立、（ロ）前近代性の払拭による民主主義の確立、（ハ）平和と国際協調、（ニ）窮乏よりの解放と生活水準の向上」（同上四四頁）という、当時の日本の自立をめざすための資本主義社会における社会問題を、マルクス主義的な観点から検討・考察するという問題解決学習へと傾斜を深めていった。

4 独自の教育実践に対する教条的批判

マルクス主義教育学からの教条的批判は、教師たちの自主的な創意工夫に基づく教育実践という「赤子」を、「産湯とともに流してしまう」こともあった。

無着成恭の『山びこ学校』は、その刊行直後には、「綴方運動三十年に大きな画期をもたらした」(『月刊作文研究』一九五一年四月号)、「日本中の山々に、村々に、大きなこだまを呼び起こし、それと前後して生活綴方の火の手はりょう原の火のように燃ひろがっていった」(綿引まさ「町の子供は『山びこ学校』から何を学んだか」『作文と教育』一九五二年三月号)などのような評価を受けた。また、「社会科の要求している教育効果を最高度に収めるための手段として綴方がとりあげられている」(臼井吉見「『山びこ学校』訪問記」『展望』一九五一年六月号)、「他教科と綴方との統合という点で、『山びこ学校』の子どもたちは前進をしめしている」「自分の目と心で村の課題をずばりと対決する、こういう力を持った中学生の出現はおどろくべきことといわねばならない」(宮原誠一「綴方教育の新刊書」『読書人』一九五一年六月号)というように、社会科を中心としたコア・カリキュラムの一つの在り方として評価された。さらに、「アメリカからの借りものの新教育から脱却して、戦後日本の教育の真の立ち直りの転機をつくりだした」(馬場四郎「『山びこ』のこころ」『朝日ジャーナル』一九六〇年四月号)、「民間教育運動の新しい発展へののろしとなった」(城丸章夫『現代日本の教育』国土社、一九五九年)というようにも評価された。

現在では、たとえば、菅原稔は、「戦後の生活綴り方運動を飛躍的に発展させる原動力となった」(大内善一『戦後作文教育史研究』一九八四年、教育出版センター)、「『山びこ学校』は新教育に模索していた良心的な教師に大きな励ましを与えた。そして、前後生活綴方の復興に大きな役割を果たした」(日本作文の会編『日本の子供と生活綴方の50年』二〇〇一年、ノエル)という評価を踏まえて、「戦後の作文・綴り方教育の復興・興隆に大きなきっかけと影響を与えたとする、積極的な評価、歴史的位置付けが定着したものとなっている」と評価している(「無着成恭著「『山びこ学校』の成立とその反響」『岡山大学大学院教育学研究科研究集録』第一三八号、二〇〇八年)。しかし、一方で菅原は、「『山びこ学校』を支えた作文・綴り方教育実践は、地域的・風土的特質と密接につながる形で展開されたものであり、容易に一般化・普遍化することのできるものではなかった。それだけに、第二の『山びこ学校』が生まれるほどの普遍化には至らなかった」と、『山びこ学校』の教育実践の意義を「歴史的位置付け」に留めている。また、奥平康照は『山びこ学校』の教育実践について、「子どもたちが生活と労働に組み込まれているという点をテコにして、子どもたちを生活と学習の服従者から、学習と生活の主体者に転換していく教育、それが『山びこ』実践であった」と評価し(「『山びこ学校』と戦後教育学 序説」『和光大学現代人間学部紀要』第六号、二〇一三年)、その特質として、「生活する主体を育てる教育」「学ぶ主体への教育」「社会的主体への教育」「倫理性の教育と知性の教育とが分断隔離されることがなかった」と指摘している(同論文)。しかし、奥平は、一九五〇年代後半になると、「『山びこ学校』フィーバーは、急速に萎んで」いき、「日本の教育学は『山びこ』実践への熱狂的賞賛の後、多くはその理論的探究に挫折し、そこから退却した」(同論文)と述べている。そのような「理論化の努力の中断」となった「障害」として、奥平は、第一に、一九五〇年代後半からの急速な高度成長により「子どもたちは農山漁村での生活と生産労働から解き放たれ始め」「生活への参加と共同を通して生活主体となっていくという現実的土台を失った」こと、第二に、同じ時期からの「教育内容の国家統制強化によって、支配的政策に対抗できる教科内容・教材研究が緊急の必要になったこと」を指摘している(同論文)。そのために、「『山びこ』実践の特質継承路線では対応できないと見」、「教科指導の内容と方法を確かなものにすることが、状況へのもっとも必要な対応であると見えたのだろうか」と論じている(同論文)。

しかし、「理論化の努力を中断してしまった」「障害」は、奥平の指摘する点にだけあるのだろうか。奥平が指摘する二つの点は確かに「障害」であった。しかし、マルクス主義教育学者からの教条的批判に足を引っ張られることにより妨害されたのではないだろうか。当時、『山びこ学校』の教育実践は、山元村という特殊な地域における、その特殊な地域的事情を教材として、無着成恭という一教師によって行われた特殊な実践と見なされた。そのため生徒たちに一般性のある知識を獲得させ、自分たちの立たされている社会状況についての歴史法則に基づく認識を形成させたかという、超越的な視点からの批判に耐えられなかった。このことに、大きな理由があったのではないだろうか。

そのことは、無着自身が「文庫版あとがき」（一九六九年）で、次のように述べていることに示されている。

たしかに、『山びこ学校』の実践は、子どもたちに「ぼくたちは何をしなければならないのか」「どのような社会をつくらなければならないか」についてめざめさせはしました。しかし、そのような意識にめざめた子どもたちが、その理想を実践のうちに実現しようとしたとき、実現できる科学的な方法論や技術をさずけられていたかどうかということになると穴があったらはいりたくなるものなのです。ほんものの教育とは、むしろそっちのほうがさきなのではないかと反省させられたからです。

マルクス主義教育学の視点からは、一九六一（昭和三六）年、生活綴方運動に対して民間教育団体の内部においても、たとえば次のような批判が提起されていた。

生活綴方は、現実をありのままにつかむことから出発し、あるいはそのことを中軸にして子どもの認識を高めようとする。この行き方は（中略）学校教育の方法としては本質的に二次的なものとみるべきだろう。

（柴田義松「生活概念について」『作文と教育』一九六一年八月号）

「何を教えるか」という考えがなくて生活現実を強調すると、プラグマティズムのおかした誤りを、おかすことになる。

（長妻克宣「生活綴方的教育方法は現代化に役立つか」『教育評論』一九六一年一〇月号）

日本作文の会研究部は、このような批判を受けて「最近の生活つづり方批判の概要」をまとめた。すなわち「①生活つづり方は、教育の科学化系統化、そして現代化を疎外し、破壊する」という批判があるという（『作文と教育』一九六二年七月号）。日本作文の会は、同誌において反批判を展開するものの、『山びこ学校』が有している価値を明確にすることはできなかった。多くの民間教育団体のマルクス主義教育学への傾倒が、無着自身による先のような自分の教育実践に対する自己批判とさえいえるような揺らぎを述べさせた。このことが『山びこ学校』の教育実践としての意義の明確化や同様の教育実践の展開を阻んだといえよう。

もちろんマルクス主義教育学の当時の教条的な論説については、時代状況やそこにおける思想展開という歴史的な文脈において検討されなければならない。しかし、戦後の教師たちによる自主的で創意工夫が生かされた教育実践の展開は、一九五五年前後からの文部省による学校現場への統制強化によって「頭を押さえつけられた」だけではない。マルクス主義教育学からの教条的批判によっても「足を引っ張られた」のである。

5　「人間として強い人間」

このように一九五五年以降の昭和三〇年代には、教師たちによる独自の教育実践は、イデオロギー対立の中、一方において文部行政による学校現場の学習指導に対する統制の強化、他方においてマルクス主義教育学からの教条的批判という狭間に立たされた。目の前の子どもたちとその地域での生活という、現実と具体に基づいて子どもたちの教育活動の構想と実践に取り組む教師たちは、文部省の統制強化によって梯子を外された。また、マルクス主義教育学からの教条的批判を受けて孤立無援の状態となった。右からも左からも矢玉を浴びせかけられるような状況となった。石川達三の『人間の壁』（一九五八―五九年、新潮社、新潮文庫、岩波現代文庫）に描かれているように、当時、多くの教師は文部行政の統制に服従するか、日本教職員組合の抵抗闘争に参加するか、二者択一的な選択を迫られていた。

一九五五年以降は法的拘束力を付与された学習指導要領のもと、諸学問の論理体系に基づいて知識・技能を系統的に習得させるという学習指導が強化された。一方で教育科学研究会の会員からは、マルクス主義の社会科学を系統的に学習させることの必要性が論じられた。たとえば、大槻健は次のように論じている。

教科は、こうしてはじめから科学と、基本的に結びついて成立していたものである。教科の指導をとおして、子どもたちの間に養わなければならない知識は、したがって、科学的法則に至るのに必要な知識としてあるのであり、どんな知識であってもよいということではない。

（「社会科における経験―態度―人格主義について」『教育』一九六二年八月号）

このように大槻は、「一度、徹底的に科学と教育を結びつけてみることの方が、今日大切なのである」と主張している。この大槻の批判は、子どもたちが生活で出会う切実な問題の追究という、初期社会科の問題解決学習の継続をめざす社会科の初志をつらぬく会（一九五八年結成）に対して向けられたものであった。

終戦直後の学習指導要領の社会科の作成を担当し、社会科の初志をつらぬく会を主導した上田薫は、系統主義の学習指導を「注入主義」とみなしたうえで、その問題点について次のように指摘している。

文部省の注入も、進歩派の注入も、本質的には同じ性質をもっているのである。それは、子どもの思考をきわめて安易にとりあつかいきめつけるというだけではなく、教育内容の真理性について完全な無反省を露呈するという点でも、明らかに共通性をもっているからである。

（「『科学』を僭称する『注入』とたたかえ」『現代教育科学』一九六一年九月号）

上田にとって、科学的な知識を系統的に注入するという学習指導に対する批判の根底には、次のような問題意識が存在していた。

背後から絶対的真理によって守られていると思わなければ子どもたちにむかえないという教師の弱さ、卑劣さこそ、教育を毒する最大のものであろう。（同上）

終戦直後の学習指導要領に「（試案）」という但し書きが付せられ、教師たちの教育課程差編成のための「手びき」として位置づけられた理由について再度確認したい。それは授業の内容も方法も厳格に統制されていた軍国主義・国家主義の体制の下での学校教育に対する反省によるものであった。自ら調べて考え自ら判断して行動できる国民の育成のためには、教師自身の自主的で創意工夫を生かした教育実践が必要だと考えられたからである。

奈良女子高等師範学校附属小学校が作成した「奈良プラン」では、育てることをめざす子ども像について、「人間として強い人間」として、次のように示されている。

私たちは、まず何よりも自己に誠実で独立した人格であることが必要であると考えています。自己に誠実であるということは、自分の人間らしい生活をしたいという要求を、はっきりと認め、それを主張することから、始まります。それは当然他人の心の中にも、人間らしい生活をしたいという切実な要求があることを、はっきりと認め、その主張を承認することに、つながります。それと同時に、自己に誠実であるということは、自己の位置使命というものを正しく評価し、卑下もせず、尊大にもならず、他人に雷同もせず、素直な態度で、自己の責任を果たしていくことであります。（中略）このような自己に誠実である人は、いうまでもなく、社会正義に敏感であり、権力に屈せず時流におもねず、正義の実現につきすすんでいきます。その意味で真に独立した人格であるということができます。

（『たしかな教育の方法』秀英出版、一九四九年）

戦後教育実践の出発点においてめざされたことは、このような「自恃の人間」を育成することであった。「自恃の人」を育成するために、教師自身に対しても、自らの教育実践について、目の前の子どもたちの具体性を出発点にして自主的に創意工夫を生かして構想して導いていくことが求められたのである。つまり教師自身も自らの教育実践に対して「自恃の人」であることが求められた。

文部省の学習指導要領に基づくものであれ、マルクス主義科学に基づくものであれ、それらを系統的に注入していく学習指導は、「人間として強い人間」という観点からみれば、権威に対する卑下であり、子どもに対する尊大である。教師自身の独立した人格の放棄なのである。左右からの矢玉が飛び交う中で、二者択一的な踏み絵を迫られる状況で、戦後の自主的で創意工夫を生かした独自の教育実践を貫いた教師は、このような意味で「自恃の人」であった。そのような教育実践は、子どもたちの現実の具体的な生活に対する誠実さの上に遂げられてきた、わが国における教師たちのかけがえのない財宝といえる。

参考文献

上田薫代表編集『社会科教育史資料』全4巻、ぎょうせい、一九七四年

久木幸男他編『日本教育論争史録　第四巻現代編（下）』第一法規、一九八〇年

船山謙次『戦後日本教育論争史』東洋館、一九五八年

「戦後教育実践セミナー」の成果と今後

野口　穂高

1　大正期の新教育実践と「生活」「生命」への注目

戦後教育実践セミナーは、戦後の教育実践の成果と課題を検討することで、教師に求められる実践力や教育力、人間力とは何かに迫り、いかにこれらの資質・能力を備えた教師を育てることが可能かを追求するために開催された。本章では、この戦後教育実践セミナーの成果と今後について、主として教育史的な観点から検討してみたい。

本セミナーでは、戦後の教育実践として、芸術教育と学校づくり、学級通信を生かした学級経営、生活綴方、「総合学習」による学校づくり、仮説実験授業、授業を核とする学校づくり運動などを取り上げた。これらの実践の多くに共通する特質を端的に述べれば、児童・生徒の生活を出発点とする教育活動であり、児童・生徒の生活を基盤に新たな教育実践や学校づくりをめざそうとする営みであった点を指摘できる。

このような児童の生活を重視する教育と関係の深い人物や取り組みとして、池袋児童の村小学校訓導の野村芳兵衛や彼による教育実践を挙げることができるだろう。ここで野村の経歴を簡単に紹介しておく。野村芳兵衛は、一八九六年に岐阜県に生まれた。一九一八年に岐阜県師範学校を卒業、岐阜県女子師範学校附属小学校訓導を経て、一九二四年に私立池袋児童の村小学校の訓導となっている。児童の村小学校時代の野村は、訓導として、さらには後に主事として「大正期の自由主義教育運動の最後のそして頂点的な存在であった」と評された同校の教育を牽引した（梅根悟「日本の新教育運動」東京教育大学教育学研究室編『日本教育史』金子書房、一九五一年、二七三頁）。また、一九二九年には雑誌『綴方生活』の刊行に携わり、その後一九三五年には『生活学校』を刊行して「生活教育」の普及と発展に力を注いだ。

この児童の村小学校の教師らは、教育方針において一斉教授による画一的「旧教育」を否定し、「生活即教育」という理念のもと、学校を単なる教育の場ではなく、子どもと教師が共同生活をおくる場所であると捉えていた。そして上述の理念から、「極度の超形式主義」をとり、「すべての既成概念に超越し」「教師対生徒と云う観念に囚わるる」ことなく、また「教科目や教授時間、はては教授法など」といったあらゆる束縛から子どもを解放し、「児童らしき生活を生活せし」めようとした。そしてこのような自由な生活を通して得た経験によって、子ども自身が自己の可能性を「能う限り存分に伸展」させるという、児童の個性を尊重する徹底した自由主義教育を実践している（教育の世紀社「「児童の村」プラン（三）」『教育の世紀』一巻三号、一九二三年、五五頁）。これら自由主義的で児童の生活を基盤とした児童の村小学校での教育実践や、『綴方生活』『生活学校』などの教育雑誌の刊行は、同時代の教師らに大きな影響を与えるとともに、戦後改革期以降に新たな教育実践を展開するうえで大きな遺産ともなった。

野村をはじめとする大正期の新教育実践の大きな特色は、子どもの生活に着目し、子どもの生活的な要求や生活上の経験に基づき教育の内容や方法、環境を追求したことにある。日常生活のなかで必要な知識・技能を学んでいた近世に対し、近代の学校教育制度は、知識を伝達するための特殊な空間と時間軸に子どもを位置づけることで成立するものであった。そして、学校という特殊な教育空間の内部においては、子ども本来の生活や子どものもつ「子ども性」が喪失していると考えたのである。それでは、子どもの生活とは、どのように捉えることができるものなのだろうか。野村は「生活と言ふことは、生命の発動する姿である」と位置づけている（野村芳兵衛『新教育に於ける学級経営』聚芳閣、一九二六年、一八頁）。この野村の考えに立てば、私たちの「生命」がどのような状態にあるかが、私たちの生活のあり方に影響を与えるということになる。それゆえに、私たちの生活のあり方は、私たちの「生命」がどのような状態にあるかを照らすものであるともいえる。人は、自分自身の「生命」や他者の「生命」を視覚で直接的に捉えることは困難であるが、その人の生活のあり方を見れば、その「生命」のあり方をも感じ取ることができるとの主張であった。

このため、児童の村では、生活の場面の一つひとつに児童の「生命」が瞬き伸びようとする瞬間があると価値づけ、その一瞬を掴んで支援することこそが教育であり、教師の役割であるとされた。ゆえに教師は児童の生活を徹底的に観察することが第一ともされたのである。野村らは、子どもの生活、つまりは「生命」への働きかけを通じ、その智識、精神、健康など、人間としての全的な成長をめざそうとしたのであった。また、その方法としては、教師が子どもとともに汗を流し、ともに学校生活をつくり上げることが重要視された。このため、児童の村小学校では、子どもの日常生活や生活における子どもの要求を実践上の基盤に、教育の目的、内容、課程、方法、環境が再編され、豊かな実践が展開されることになった。そこでは、児童が自らの生活を見つめ、理解を深めるための綴方が教育の主要な柱に位置づけられ実践がなされた。そして、綴方や生活教育を主とする同校での取り組みは、後に雑誌『綴方生活』や『生活学校』の刊行へとつながっていくのであった。

このような実践を源流の一つとする生活綴方とは、どのような教育実践であろうか。一九二九年の世界恐慌の影響により、日本では昭和恐慌がおこり経済的に深刻な状況に陥った。農村の経済を支える製糸業や養蚕業が打撃を受けるとともに、一九三〇年には、米の豊作による米価の下落が発生し農村経済はさらに圧迫されていく。

これら疲弊した農村部を中心に、一九三〇年代には、子どもの厳しい生活実態に即した、新たな教育運動が展開されることになる。その主流となったのは、国定教科書のない綴方に教育の目的・内容上の自由や、教師らの自主性・創造性を発揮する余地を見出し、従来の学校教育の再編をめざす生活綴方教育であった。一九〇三年の教科書国定化以降、学校教育の内容は国定教科書によって強く規定されていたが、国定教科書の存在しない綴方においては、国家の教育要求から離れて、教師らの自主性や創造性を発揮することが一定程度可能であったからである。

生活綴方を実践する教師らは、厳しい農村生活の状況を子ども自身の目で直視させ、ありのままに綴ることにより学びを展開した。これらの活動を通じ、子どもたちが自身の置かれた社会的状況を直視して自覚し、その改善に向けた方策を、教師と協働的に考えることにより、子どもの成長と農村の再建につなげようとしたのである。つまり、生活綴方とは、子どもの生活要求や地域の実情を基盤に、教育の目的・内容・課程、方法を再編しようとする教育運動として位置づけることができる。

一九三〇年代には、全国各地の教師らにより「綴方サークル」が結成され、地域的な実情や課題を反映した綴方教育が展開された。とりわけ、成田忠久や国分一太郎らにより、東北地方を中心に展開された生活綴方は、「北方性教育（運動）」と呼称され、活発な教育運動を展開した。また、ガリ版などの印刷技術や機器が普及し、学校の中で身近な存在となったことも、生活綴方の全国的な発展を後押しすることになる。教師たちは、子どもの文集や綴方の同人誌を作成し、相互の交流に努め、その発展に尽くした。先の野村や小砂丘忠義が主宰した雑誌『綴方生活』は、全国的機関紙の役割を果たし、各地の教師たちの交流を支えたのであった。

戦後の教育実践は、上述のような生活を基盤とする戦前の教育実践の史的遺産を発展的に継承しつつ、展開されることになる。実際、セミナーを通じて実施された各講演においても、児童・生徒、教員の学校での生活や社会での生活など、人々の生き方を中心とする語りが主であった。戦後の教育実践を検討する際には、当時の教師らによる、児童・生徒の生活へのまなざしや、教師自身の生活へのまなざしに注目する必要があるだろう。

2　戦後の社会・生活と教育実践

それでは、本書が主として取り上げた戦後教育が実践された一九五〇年代から一九七〇年代とは、日本の教育がどのような発展を遂げ、また児童や生徒がどのような生活をおくっていた時期なのであろうか。

終戦後の日本は、新時代を生きる日本人の育成に向けて、学校制度や教育の目的・内容・方法など全面的な刷新に取り組むことになった。一九四七年には、アメリカのコース・オブ・スタディをモデルに、「学習指導要領」（「学習指導要領（試案）一般編」）が刊行されている。この学習指導要領では子どもの「現実の生活」を出発点として、教育が実施される必要性が強調された。戦前までの日本の教育は系統的な学習を主としてきたが、戦後の教育改革では児童・生徒の生活的な要求を尊重する経験学習へと方針が転換されたのである。また、学習指導要領は、教員が教育課程を研究・編成する手引書として位置づけられ、教育の目標や内容、カリキュラムの策定における教員の裁量も拡大されている。さらに、一九四八年には、教育委員会法が制定され、教育の民主化と地方分権、官僚統制からの独立を定めるなど中央集権的な教育行政が改められた。教科書制度も戦前の国定制から検定制へと移行し、都道府県の責任により採択されるようになっている。上述のように、戦後の教育改革では、従来の中央集権的な教育への反省から地方分権的な教育へと大きな転換がなされたのであった。

このような状況の中で、全国の教師たちによるカリキュラム改革や学習指導の改良をめざす動きが活発となった。学校現場では、大正新教育や生活綴方など戦前の遺産を受け継ぎながら、同時にアメリカの経験主義に基づく問題解決学習が受容され、子どもの興味関心や自主性を重視する戦後の新教育が展開された。特に、戦後新設された社会科は、子どもを民主主義社会の担い手として育むための中心的教科に位置づけられ、民主化の実現という目標に向け、地域における子どもの生活や現実社会で直面する課題を中心に、さまざまな問題解決型の学習が展開されている。これら戦後の新教育の代表的な事例としては、埼玉県川口市の「川口プラン」、東京都港区桜田小学校の「桜田プラン」、広島県本郷町の「本郷プラン」などが挙げられる。その特徴は、自治体や地域住民、教師、研究者らの協力のもと、地域や児童の生活に即した教育実践がなされた点にある。そして、一九五〇年代には、これらの実践を記した教師による実践記録が盛んに出版され、全国の教師らに影響を与えた。

一方で、子どもの生活や興味に重点を置く戦後の新教育の実現には、その興味に応じた教育環境の整備も必要であったが、戦後の厳しい経済状況においては実現に困難も伴った。また、教育すべき内容の精選が十分になされなかったり、系統的な学習が行われづらい状況にあったりする場合も見受けられ、「這い回る経験主義」との批判や、児童・生徒の学力が低下したとの疑念を招くことになった。そして、一九五八年から六〇年にかけて改訂された学習指導要領では、従来の経験主義的な学習を軸とする戦後の新教育を改め、系統的な学習による基礎学力の伸長や科学技術教育の充実がめざされた。また、東西「冷戦」の時代に突入する中で、戦後の自由主義的で地方分権的な教育改革への批判も高まり、再度中央集権的な教育行政が整えられていく時代でもあった。

その後、一九六〇年に成立した池田勇人内閣の高度経済成長政策に伴い、日本社会は大きく変容していく。一九五〇年代から始まった高度成長は経済的に豊かな生活をもたらす一方で、公害の発生など負の側面もあった。また、核家族化や消費社会の進展など、人々の生活様式の変化をはじめ多方面に影響を与えた。とりわけ、大都市圏への人口集中と農村の過疎化が進んだのもこの時期の特徴である。都市部では商工業が急速に発展し、生産を担い経済成長を支える人材の確保が急務とされた。さらに急速に経済的な発展を遂げる都市部と、農村部との収入的格差も拡大しつつあり、結果、農村から人手不足の都市部へ働きにでる若者や、都市部の学校に進学する若者が増加し、農村では若年層の流出により農産業を支えるべき人材不足や人口減少が進むなど、地域の生活や経済にも大きな変容が訪れた時期でもあった。

このような状況において、学校教育は日本経済を支える人材養成としての性質を強めることとなった。文部省は、一九六二年の教育白書『日本の成長と教育』において、経済成長に応じた労働力を確保することが教育政策の基本と位置づけた。さらに、一九六三年には、経済審議会が「経済発展における人的能力開発の課題と対策」を答申し、科学技術の発展、産業構造の高度化、国際競争の激化を見据え、能力主義による早期の人材選抜を学校教育で実施することや中等教育段階の再編を求めた。一九六六年には中央教育審議会から「後期中等教育の拡充整備について」が答申され、中等教育を能力主義に基づき多様化することが要請される。この答申を受けた文部省は、高等学校に工業科や商業科等を開設するなど中等教育段階の多様化を実現したが、同時に高等学校の序列化も進んでいく。このように、一九五〇年代から七〇年代の教育は、経済界からの要求に応える形で早期からの選抜や競争に重点が置かれた。また、経済的発展に伴い高等学校や大学への進学率も高まりをみせ、中等教育及び高等教育段階の入学試験における競争が激化し、受験戦争が過熱する事態ともなった。同時に、教えるべき知識の量が増加したため、詰め込み型の教育も広く行われるようになる。

上述のような一九五〇年代から六〇年代における社会状況下において、教師や研究者など教育に携わる人々は、相互の取り組みを支援すべく、民間の教育研究を活発化させ、戦後日本の教育を支えていく。一九四九年には戦前の反省に立ち科学的な歴史認識の形成をめざす歴史教育者協議会が結成され、歴史教育の研究を進展させた。また、一九五一年には山形県山元村の山元中学校の生活綴方実践を通じて書かれた綴方が詩文集『山びこ学校』として刊行され社会的な反響を呼ぶこととなる。一九五〇年には日本綴方の会が発足し、全国の綴方教師らの交流・研究が盛んになった。国分一太郎の『新しい綴方教室』(一九五一年)は、戦前の綴方教育の理論や実践をふまえ、戦後の生活綴方教育の理念及び方法を示し、綴方教育の復興に大きな役割を果たすものであった。学力低下をもたらしたとされる戦後の経験主義的な新教育に対しては、数学教育協議会など民間教育運動の立場からも批判がなされ、児童・生徒の興味と系統的な学習をどのように両立させるか、その課題の克服をめざす研究も進められた。その他、一九六〇年代に国家基準としての性格を強めた学習指導要領に対し、民間教育運動の側からも教育内容の現代化が提唱され、教師らによる自主的な教科内容研究が進められた。

これら教師と研究者らによる民間の教育研究運動は、参画した教師らにより学校現場における実践へと還元されるとともに、その成果をもとにさらなる研究が蓄積され、現場の教師の力量形成、教育研究の進展に大きく寄与した。一方で、本セミナーの登壇者からも指摘されたように、その内部では教育に対する考え方の相違や、運動の組織運営上の課題も抱えていた。今後の教育研究を進めるうえで、これら民間の教育研究運動の到達点や残された課題の検討をさらに進めることも重要と言える。

さて、本書で取り上げた戦後の教育実践は、上述のような教育や教育を取り巻く社会状況の変化の中で展開された。その実践に通底するのは、やはりひたむきに児童・生徒の生活、つまりは子どもの「生命」と向き合う教師の姿ではないだろうか。また、教師らの実践におけるまなざしは、自己の生活や教師自身の「生命」にも向けられるものであった。それは、戦後の児童・生徒・教員の生活、地域特有の事情や課題の中から教育の目的、方法、内容を掴みとろうとする試みでもある。セミナーにて村田栄一氏が述べるように、「目の前にいるカオスとしての子どもたち」に対し、「悪戦苦闘」する教師らの生活がよく窺えるのである（第2部、57－58ページ）。

とりわけ重要な点は、児童・生徒の置かれた日々のくらしの状況や生徒の実状を把握するだけではなく、それをもとに授業や学校の全的な生活をつくり上げようとする姿勢であろう。たとえば、久保嶋信保氏の教育は、農村地帯の中学校における実践であった。そこでは、農村にみられた家同士のつながりや、旧習的な男女観のなかで生きる生徒の本音や悩みを知り、生徒の本気を引き出すため種々の取り組みがなされた。学校においては生徒とともに話し合い、ともに汗を流し学校生活をつくり上げようとする姿勢がみられた。そして、生徒の生活を出発点とする教育実践が日々展開され、学級活動、英語学習、合唱やフォークダンス、遠足・旅行、登山など、日々の学校生活を通じて、「美しい強靭な子ども」に育った生徒らが、従来の体制的で管理主義的な学校教育を「自分たちの成長するように破」り、豊かな学校生活へと転じていく姿が語られている（第2部、31、46ページ）。同様の姿勢は、乙部武志氏によって語られた国分一太郎の取り組みや、佐藤藤三郎氏が語る無着成恭の生活綴方実践、板倉聖宣氏の仮説実験授業、横須賀薫氏によって語られた齋藤喜博の「授業を核とする学校づくり運動」にも窺える（横須賀氏についてはⅡ巻に所収）。

また、戦後教育においては、戦後の教育や社会の劇的な変容の中で、「教育とは何か」「学力とは何か」その根源に迫ろうとすることもなされた。セミナーでは、都市部の学校でも、農村部の学校でも進学と受験が大きな関心となっていた様相が語られた。教師らは、このような受験のための教育に向き合いつつも、学校の教育とは、学校生活とは、児童・生徒の学力とは何かを問い続けている。たとえば、村田氏が学級通信「ガリバー通信」を出した背景には、「先生とは何か、評価とは何かという非常にラディカルな問い」があったことや、当時の教育（国民教育運動）や一九六〇年代後半の実践記録への疑問が挙げられている（第2部、53、56ページ）。大槻武治氏の「総合学習」においても、「もう一回子どもに立ち返って一体子どもにとって学習とは何であろうかと」「子どもにとって学ぶということは一体どういうことか、それを見直してみなければならない」という思いから、「学力とは何か」という問いに向き合っている。そして、日々の実践を通じた知見により「学んだ力」と「学ぶ力」の二つの相乗として学力を定義し、伊那小学校の中心的な学力観として位置付け、同校の「総合学習」実践を支える柱としていた（第2部、102、117-118ページ）。このような教育についての本質的な問いを避けずに、真正面から向き合いながら、自らの実践や学校づくりに取り組むことの大切さを、戦後教育の実践者らは示しているといえる。

そして、これら戦後の教育実践を支えたのは、ともに学校づくりをめざす教職員らの教育・研究における熱意や協働的な取り組みでもあった。たとえば久保嶋氏らの実践では、職員室で旧来の陋習《ろうしゅう》と対峙する様子や、職員室の改革を通じて教職員の意識を変容させ、協働的な関係性を築くことで、授業の改善や学校づくりへとつなげた体験が語られている（第2部、35－36ページ）。これら教職員の協働や、教職員間の教育・成長については、大槻氏の実践でも、齋藤喜博の「授業を核とする学校づくり運動」でも、学校の教育を充実させ、新たな学校づくりを実現する鍵として挙げられている。さらに、教職員間の協働的な関係を築き、新たな学校づくりが実現した要素として欠かすことができない点は、教師としての確かな力量であった。それぞれの教師らが、真摯に児童・生徒と向き合い教育を展開し、子どもの成長する姿が見られたことが、他の教職員や保護者、さらには児童・生徒からの信頼を獲得し、教育実践への協力や教師らの協働へと至ったことが、久保嶋氏の実践でも、村田氏の実践でも、大槻氏の実践でも共通して語られていることはその証左といえる。

子どもの学習とは、学力とは、成長とは何か、また教育とは、教師とは、学校とは、そして学校における児童・生徒・教職員の生活とは何か、日々のくらしの中で児童・生徒の生活を見つめ、問い続け、協働的な研究と実証を続けた教師らの姿に、現代の教育に携わる私たちが学ぶべき点は多い。とりわけ、児童・生徒の生活を、学校という特殊な教育空間の内部に限定して捉えるのではなく、その周囲を取り巻く地域のくらし、地理的環境や地域経済、習俗等々も含め、より広い視野から捉えなおすことで、自らの教育実践を問いなおし、学校教育の目的や内容・方法を再検討することは大切であろう。そのためにも、先哲らが、どのように児童・生徒や教師自身の生活と「生命」に迫ろうと苦心したのか、戦後教育の内実や、実践的な特質を検討する意義は大きい。

3　戦後の教育的遺産の継承と今後の教育実践・教育研究

上記のような戦後の教育実践の遺産を、私たちはどのように継承し、今後の教育実践や教育研究に生かすことができるのであろうか。先ず、本セミナーの主旨でもあるように、戦後の教育実践について、その成果や残された課題は何か、さらなる研究が必要であろう。

繰り返しになるが、本書で取り上げた戦後の教育実践は、児童・生徒の生活実態や地域性に根ざした点が、その大きな特質であった。これらの取り組みは、山村の生活、工業地帯の生活、町の生活など、地域特有の生活課題と向き合うことの重要性を示唆している。また、その地域性ゆえに、戦後教育の実態を把握し、その特質や意義をより鮮明にするためには、地域の実状と学校の教育実践を総体的に探究することが求められる。すなわち、各地の実践が対象とした児童・生徒の実状や、学校や地域社会の状況など、地域的な事情を明確にするとともに、これらの地域的特色を基盤に、それぞれの実践がいかなる目的・内容・方法で展開されたのか、その固有性を検討することが大切であろう。本セミナーに登壇した実践者・研究者からの語りにもあるように、それぞれの教育実践やそれらの実践をまとめた実践記録は「実に複雑な地域の状況、教師の状況、時代の状況や同僚の状況や複雑な組み合わせの中でしか出てこない」ものであったということに、私たちは注目すべきである（第2部、58ページ）。「大槻氏とフロアとの応答」における現場の教師からの次のような声は、特に重要といえる（第2部、131ページ）。

つまり根本的な所になかなかメスが入らずに表面的な手法だけをいじる。教師が自分の目の前の子どもたちが住んでいる地域に根ざした教材を、探して取り組むという学習ができにくくて、全国画一化した教科書を基にした生活科になっているんです。どこかの学校をモデルにした総合学習になったりというふうにうまくいかないし、成果もあがらないわけです。

これらの固有性や地域性こそ、個別実践やその実践記録の魅力であるし、私たちが実践記録から多くの示唆を得ることができる所以でもあろう。一方で、これらの教育実践や実践記録の固有性や地域性をふまえたうえで、実践により得られた知見についてその普遍性を明らかにすることや、そのための共同研究の場を充実することの必要性も登壇者からは指摘された。村田氏は、以下のように述べる。

一般化できないからと、これは第一に書く人間はどっちかって言ったらそこまで求めるのは無理だと思います。教師が出した試行錯誤だらけの、そういうものを科学として対象化するならば、第二次的な場所が必要だと思います。そういう場所こそ教育学者と教師との共同の場所だったんですけど、そういう場所に取り組もうという教育学者はあまりいなかった。というよりもそういうことに取り組んだ人知りません。

村田氏が指摘するように、その普遍性を明らかにするための方法としては、実践した教師自身や教育現場の教師らのみによるのではなく、「第二次的な場所」において、「教育学者と教師との共同」により研究がなされる必要があるといえる（第2部、58ページ）。

教育実践の記録は、過去の教師らが児童・生徒の生活や教育実践に真摯に向き合う姿を残すものでもあり、児童・生徒の「生命」が伸長する軌跡でもあった。無数の軌跡を、その固有性や特殊性、地域性に注目しつつ、同時にその普遍性を分析しながら辿ることで、私たちは今後の教育実践に向けた数多の示唆を探り得るのではないだろうか。戦後教育実践で花開いた多数の実践記録や、戦後教育実践を記録しようとする本セミナーおよび本書の意義はそこにある。この大きな遺産をどのように継承し、今後の教育をいかに充実させていくことができるのか追究するためにも、本セミナーで語られたように、日々現場で研鑽を積む教師と、理論的な研究を深める研究者など、現代の教育に携わる人々が協働的な学びや研究を行うための場所の拡充が求められている。

なお、最後に、戦後教育実践を検討することの地方教育史研究上の意義も付しておきたい。近代以降の日本では、中央集権的な教育行政・制度のもと政府が主導する教育政策に基づき各地域の教育がなされてきたとされる。しかし、実際の地方においては、中央政府の政策と連動しつつも、各地域の住民の意識や生活、地域の経済など個別的実情に応じて、中央の方針の範疇に留まらない、多様で豊かな教育実践が蓄積されていたことが窺える。これらの実践の地域的な固有性や特殊性を明らかにすること、また、それらの作業を通じて各地の実践に内在する共通性や普遍性を明らかにすることは重要である。

本セミナーで語られた教師や児童・生徒の姿は、中央の教育とは異なる地域固有の教育実践についての歴史的な証言でもあった。本書で紹介する種々の実践のように、戦後の日本では、各地の小・中学校において地域社会の歴史や文化、経済状況等をふまえた地域特有の実りある教育実践が全国で展開され、その知見が蓄積されていたことが分かる。戦後の教育実践を地域的な視点から歴史的に意義づけ、その事実や特質を明らかにすることは、地方教育史研究においても極めて大きな意義をもつ営みといえるだろう。

参考文献

野村芳兵衛『新教育に於ける学級経営』聚芳閣、一九二六年

東京教育大学教育学研究室編『日本教育史』金子書房、一九五一年

橋本美保・田中智志編著『大正新教育の思想 生命の躍動』東信堂、二〇一五年

第2部

戦後教育実践セミナー

学校づくりと美術の授業でめざしたもの

久保嶋　信保

二〇一一年七月二三日

【久保嶋信保《くぼじまのぶやす》氏　プロフィール】

一九二五（大正一四）年、山梨県甲府市に生まれる。一九四九年、武蔵野美術学校（現：武蔵野美術大学）中退。その後、教員免許を取得し、中学校を中心に美術教育を行う。一九六三年、サークル「山梨新しい絵の会」を発足。共同研究として「教科としての美術教育」に取り組み、子どもたちの表現方法の確立に努める。一九六五年、公立の巨摩中学校へ赴任してからの一二年間にわたる教育実践を『ぼくたちの学校革命―山梨県巨摩中学校の記録』として出版。「受験偏重を排し、生徒の個性を尊重し、芸術による自己表現を基本に据えたユニークな教育」を掲げ、美術教育を中心に教師と生徒が一体となって学校づくり、学級づくりを行った過程が綴られている。出版後は他の公立中学校、小学校、私立の明星学園（東京都）にて教鞭をとった。教職を退いた後は、美術教育サークルなどで活動し、美術教育に携わる。

＊

久保嶋氏は、講演当時、八六歳。一九四九年、占領下の時代から、教壇に立たれました。そこから始まった実践について「巨摩中学校の学校づくりと美術教育の実践」「戦後教育の連続性と断絶」、また「実践力とは何か」等を主題に、お話し頂きました。

「子どもたちを元気づける」ために始めた教育実践

僕は話が下手でね。時間が七〇分じゃ何もできないんですよ。昔、美術科教育の研究会が盛んな頃は、山や温泉辺りで風呂に入りながら二泊三日ぐらいの贅沢な研究会をやったものです。そのくらいの時間がないと何を話していいかよく分からないんですね。だから僕も考えたんですよ。何をしゃべったらいいか。

巨摩中の一二年間というのは、本を書いて出版したものが出ているんですが、一一年かけて少し子どもたちを楽にさせてあげることができたなと思うんです。実践についてしゃべるのは簡単ですけど、教育というのは非常に時間がかかって、失敗が多い。失敗しないと成功につながらないんですね。そういうことで、これからしゃべることは、度忘れすることもあるんで、一応話すことを書いてきました。もし分からないところがあったら資料を見てください。

僕たちは巨摩中の先生たちと話し合って、とにかく素晴らしい子どもに成長させるにはどうしたらいいかということを一つの教育目標にしたんですよ。小学校を経てきた子たちは大概、教育によって不幸になっているんです。真面目ということもありますし、とにかく元気のない子たち。そういう子どもたちって美しいと思わないんですね。それは私だけでなく、巨摩中のほかの教師も、どうしてこうなんだろうと言っているわけです。子どもたちを元気づけなくちゃいけない。それで、美しい強靭な子どもに、大人に、人間に、育ってほしいということが合言葉だったんです。じゃあ、そうするにはどうしたらいいんだという、それからが実践になるわけです。

巨摩中に行く前、僕はすでに公立学校で絵の先生をやってみていたのですが、もう公立の悪さ、子どもを潰してしまう、そういうものをたくさん見てきて、その都度何とか変えようとした。それで先生方ともいろいろあって巨摩中に来ることになったんです。そういうことで巨摩中へ来てみますと、要するに私が昔受けた小学校・中学校教育とほとんど同じなんですね。ガチっとした体制があって、その中に子どもをはめ込むという、古い師範学校教育というんですか、軍隊式みたいなのが学校なんですね。とくに僕が行った巨摩中は野球が強くて、関東の大会で優勝したということで町長がそれを誇りにしていて、クラブ活動では野球一点に絞っていた。そういうことで、教育は全部そこだけに絞られているから、すごいですよ。決まりというか、先生に対しては何も文句を言えない。生徒は先生の目を窺って。上級生に対しても、ですね。

僕は二年目に、三年生を受け持ったんですが、僕のクラスに非常に優れたピッチャーがいましてね。学校が終わって、「さぁ、うちに帰ろう」と思って僕がもう一度教室に行くと、一年生の子どもがバットの上に座らされているんです。僕の教えているすごいピッチャーが言うには「こうしないと強くならない、伝統を守れない」というわけです。「だけど一年生をバットの上に座らせて痛いと思わんのかい」と言うと、「今から大会があって、強い子が模範を見せなきゃいけないんだから、甘いこと言っちゃダメだ」と、こういうことを言うんです。「いいから子どもたちを帰してやってくれ、かわいそうでしょうがねぇよ」と。そんなことがありました。つまり、いじめるなんてことは平気なんですね。これは今だってクラブ活動でやっているかもしれないですよ。

それから他のクラブもそれにならって、たとえば授業がちょっとでも遅れて、掃除になって、クラブ活動に行くような時、遅れるとクラブの先生が僕の所にくる。僕は「いや、ホームルームがあるからそうはいかないですよ」って言う。すると「クラブ活動でしょ。これが中心じゃないんですか」と、今度は脅しにかかるんですよ。つまり、クラブ活動を強くしたり、そういうことをしておけば先生たちは安心なんですよ。

女の先生もタバコを買いに行かされたりしてひどいんですよ。教務なんかもそういうことで奪っちゃって。職員室にいて「授業があいているからタバコでも飲もうか」とか、そうすると女の先生なんて職員室にいられない。でも、何かしていないといけないんです。また、女の先生は朝早く来てお茶を汲んで先生の席に出すんですよ。一方、授業では、子どもが騒いじゃって、職員室にきて男の先生に「叱ってください」と頼む。それで、学年の主任が男で、その人が行って、怒って「静かにしないといけない」と言う。ほとんど子どもは女の先生の言うことなんて聞かないですから。これは私が中学校の頃もそうだったんですよ。昔の中学ですね。最もまずいと思ったのは、高校入試のための「月例テスト」です。あの頃は百姓の人が戦後からだんだん力をつけて、みんな「自分たちは貧乏だけど、子どもは高等学校へやらにゃ（やらなければ）」ということになってきました。その頃、田舎の学校では「農繁休業」というのをやっていたんですが、高校進学のために巨摩中もそれをやめるかどうするかという話になって「いや、やめない方がいいですよ」って。朝登校する子どもたちの、六月頃の顔を見たら、いい顔いませんよ。みんな家で働かされていますから。だから休みにしてやろう、と。だけど周りの学校はみんな受験勉強をやっている。そんなわけだから「月例テスト」といって九教科の、町で売っているテストを毎月やってね。高校入試の練習ですね。

試験について、今日は時間もありますので長い話をすることはできませんが、僕は大反対です。巨摩中にいる間に最後にはペーパーテストをやめさせましたが、学年部会で「まだ二年生なのに、毎月テストして子どもを苦しめるのは、誰もしてくれなんて言っちゃいないんじゃないか」と言ったんです。ところが八人の教師集団のうち、七人は主任と同じで賛成なんですね。子どもを高校に入れるために毎月テストをやる。その他にも試験、試験。中間考査と学期末考査と、通信簿用に正常分配曲線をつくる。

正常分配曲線、あれについても僕は随分疑問に思っていたから、大体評価なんてして何になるんだ、とね。正常分配曲線なんて一〇〇人でこうだ、という曲線になるわけでしょ、正常な曲線に。それをその一クラス三〇にあてるんですね。でも、ちょっと勉強をよくやって試験の前に模擬試験みたいなのをやると、曲線の五の方が高くなっちゃうんです。あんなものは本当にインチキなもので、反対だし、正常分配曲線の評価を参考に入学試験をするなんて、教育委員会に行って文句言ったこと、あるんですけどね。

それでも、生徒が「力を知りたいから、先生問題作ってくれ、家帰ってやるから」と言うんで、「それじゃあ、問題刷ってやるよ。高等学校共通のテストだから、これやっとけば役に立つかもしれないよ」と言うと、喜んでやるんですよ。僕はテストを嫌いじゃないけど、強制的なテストは子どもを殺すようなもんです。で、やめた。一年間、学年部会があるごとに「あんたのところは……」って、随分仲間から言われました。「おめぇが一人で、テスト反対でごねるから、誰だれと誰だれが転校しちゃったじゃないか」って。そういうような。

それから朝行って、さわやかでいいっていうのもあって教室の窓を開けると、もう週番っていうのがありまして、軍隊と同じですよ。ぐるぐる学校を巡り歩いて、生徒が。それでみんな注意されるんですね。注意されると罰を受けるわけですね。そんな学校は、先生たちにとってはいいかもしれないけど、子どもは大変ですよ。

職員室の改革から、授業改革へ

それで、五月になって遠足があったんです。ところが、全部学級委員がやって、担任には何の連絡もないんですね。昔、生活指導というのが盛んで、校長さんが喜ぶ生活指導ですよ、全部生徒にやらせるんです。班を作って、班のグループで。民間教育団体で広げたもので、今も続けているところがあると思うんですけど、あれ非常に便利ですからね。先生が苦労しなくても子どもがみんなやっちゃいますから。学年主任と各クラスの班長が集まって、全部決めちゃうんです。それを教室にもってきて下ろすんです。班員はそれを素直に聞いて、遠足に行くわけです。僕が行った年は決まりばっかり作って、一日中決まり通りに行動する。何が面白いのか、何も面白くない。ただ組んでいるだけです。それでまた学校に帰ってきて反省です。そこで各班から批判がでるんです。「どこの班の、誰は、決まった道を歩かなかった」というように。すると、その生徒たちは前に出されて、反省をさせられて、その班はクラスの中で一番の悪い班ということで罰を受ける。

僕が巨摩中にいた最後の頃、ある日、ジーパンをはいて行ったんですね。そうしたら僕がジーパンをはいていったことが問題になりまして、生徒から突き上げられました。「なんでいけねぇんだ」って言ったら、「白いズボンじゃないといけないんだ」と。「そんなこと決まっちゃいないじゃないか」と言うと、「いや、先生たちの決まりだ」と言う。それで、嫌になって学校を休んだんですよ。学校行きたくねぇなって。どうせこんな学校行かなくたって、学校なんていくらだってあるんだから他に行けばいいだろう、と。そうしたら教頭が迎えに来ましてね。「なんで学校へ来ないんだ」って言うから、「ひと月ばかり行かないぐらいでひどい学校だね。子どもたちに聞いたって、学校来たかねぇ（行きたくない）って言ってるよ。俺が行きたくないんだから、わかるわ」というようなことを言いました。すると教頭さんが「女の先生なんかお化粧したって注意を受ける、質実剛健のえらい学校だったらしい」と言うので、「それでもひどいじゃないか」と言うと、「いや、俺が来年は違う学校に移してもらうように言いに行くから」等々と言う。その教頭は美術のサークルの部会長で美術教育をやっていて、よく知ってるんですよ。年中教材のことで話をするし、いい人なんだけど、ちょっとみんなに気がつかないんだよね。それで「俺は、来年はこの学校から、おさらばだよ」って言ったんだ。

とにかくね、女の先生で、ものすごく良い先生がいたんですよ。その先生を男の人はみんなで嫌っていて、違う学校に移そうとした。だけどベルが鳴ればすっと授業に行って、ちゃんといい授業をして子どもたちにも人気があった。何で嫌っていたかっていうと、職員会議の時にお茶菓子や何か出てもみんな遠慮して食べないから残ったのを紙に包んで偉い人に持たせたりする、というようなお茶汲みの配慮等、そういうことを一切しない先生だったんです。立派な先生だったんですよ。そのことを校長に話して、「あんな良い先生を追い出すなんて、とんでもねぇ。この学校は良くならんわ。だから俺は出ていくよ」、そういうことを言ったんです。

また、教師たちの中にボスがいるんですね。教務で、これから教頭になるっていう人。それがなかなか上手いんですよ、酒のおつきあいがね。町長や教育委員やそういうのとみんな、ガッとやってるんですね。それでみんな恐れている。「あの先生をどっかにやらない限り、この学校は良くならない」と言うと、「よし、わかった」と。「校長室なんかにいなくて、職員室に出てきて見てごらんよ。みんなどういう顔して職員室にいるか。職員室になんかいないよ。みんな違うところ、特別教室とか行ってタバコ飲んだり、何かしている。こんなんで学校の教育うまくいくのかね」と言うと、「よし、わかった」。校長はかなり怒ったらしいですね、僕は知らないけれど。とにかく、その先生、今度は僕の機嫌を取るようになったからね。それから、「お茶飲むなんていうのは自分の好き勝手で飲むんだから、女の先生にお茶汲むなんてことをさせるのはかわいそうだから、やめたらどうですか」って校長に言ったんだ。そうしたら、「じゃあ提案しておく」っていうから、職員会議に。

また、別の話で、女の先生の中にまだ子どものような先生がいて、先生たちの下働きをしていた。だから「校長先生、職員室行ってみんなの顔色よく見てよ。顔色良くなかったら、その先生はお母さんとでも喧嘩してきたのかもしれない。その顔で子どもを前にしちゃ、子どもだってわかる、嫌になるんだから。家で喧嘩してきて、学校にきたらどういう顔しなきゃいけないか、教育しなきゃだめだよ」って言ったら、「どうするんだ」と言うんで、「だから鏡を見て、かたくなってる顔を、良いことを思い描いて変えてから授業にいくとかね。そういうことしなけりゃ、この学校だって良くならない」と、言いました。

それ以上のこともまだいっぱいあるけど、二年間やって、僕は平《ひら》の教師ですからみんなから「あの野郎、生意気な野郎だ」って言われました。そうしていたら教頭が聞いていて、僕に「英語の授業をしろ」って言うんです。教頭も美術だったんで、僕がやる美術の時間が少ないからです。僕は喜びました。美術なんてのは、上手いも下手もないんですよ。子どもたちがやる気になれば成功ですから。

そこで、ぼくはその授業を引き受けたんですが、これが大成功したんですよ。箸にも棒にもかからない生徒が三人いたんです。俺はもう高校いかん、俺は大工になる、俺は酒屋になるんだ、というような三人。もう嫌の嫌のって大騒ぎで。「なんで嫌なの?」と聞くと、「あんなのは全然何もわからない」と。英語の先生が二人いたんですけど、二人ともできるんです。会話はぺらぺら。山梨県でも外国人が英語の指導主事としてきて、僕もその指導を受けたことあるけど、みんな他の学校でも嫌っちゃってね。やたらと発音の練習をさせるんですよ。先生に。僕も懲りたんですけど、その外国人が二人とべらべら会話して校庭を歩くんですよ。子どもたちはおっかない（怖い）目で見ていました。

それで、「先生、英語教えてよ」「俺は英語できん」「なんで先生、英語できないの？」「できん、お前らと同じだ」「そうなの？先生」というような会話があって、どうしたらいいかと思って、最初、歌を思いついたんですよ。♪ティンクル ティンクル リトルスター、ああいう歌を僕が歌って「どうだ。終わったら手を叩いてやろうじゃないか」と言うと、「おもしれぇ」となって、ドロップアウトした連中が、げらげら笑いながら歌い始めた。すると、みんなも始める。そんなふうにいろいろやって成功したら、英語をやるようになっていきました。

その子どもたちは、本当は勉強が好きでしょうがないんだよ。他の先生には全然相手にされていないけど、美術の時間は待ち遠しい。「先生、今日はどうすんだ？」「今日は版画だぞ」「版画って？あれけぇ（あれかぁ）」「うん。そうだ」って。そうして授業参観には先生たちが見にきて、その三人は班なんてそんなの関係なく、勝手だから、ほとんど授業、その三人でやったようなもんですよ。俺は「家のお父ちゃん、こうでなぁ」って家のことを言う。「寝っ転んでテレビ見てなぁ」って言うと、みんなげらげら笑って、そういうようながむしゃらな授業をしたんですね。それで「下絵は大雑把でいい」「おおざっぱ？こうか」という感じで、とにかく授業は終わりました。研究会ではその三人について、「あの三人をあれだけしゃべらせるなんて、どうしたらいいかわからなくて困ってる」と。それからですよ。巨摩中の職員といて、みんなが少しは耳を傾けてくれるようになったのは。

何でも書いていい「日記」から始まった、本音、本気、本物の授業

そういうようなことがあったけれど、まだまだ子どものことはそんなにうまくいっていなかった。そのうちに合唱をしたら良いのではないかと思って。というのは、僕のクラスは僕が行った時から、戦時中歌った歌を中学

生も好きでいい歌だなと言うんで、組歌にしようと思い、学級で少しずつ歌ったんですよ。

それからさっき言った「班」についてなんですが、班長があって、班員が五〜六名いて、大体クラスの中で六つ、七つぐらいの班になるんです。それの研究補助があった。ところが毎日、班長が「今日、こういうことがありました」って言って反省させられたりするものだから、みんなが「言わなけりゃいいや」っていうことになったり、年中ドロップアウトしちゃった子がやけをおこして「何をやっても構わない」というふうになったりしました。こんなもんじゃクラスがまとまるわけ、よくなるわけ、ないんだから、僕は日記を書くことにしたんです。「本当に言いてぇ（言いたい）ことを何も言っちゃくれない。班の所には言いたいことといって、俺の所には何もわからん。人間は表現の動物だよ。表現ができなければ人間として君たちだって苦しいだろうし、『本当のこと言え』っていう学校なんて来たくないだろうから日記を書いてみろ。俺、誰にも見せないから。このことをこうして欲しいとか。一日に全部は読めないから、三日で全部読むようにする。それで僕は全部ノートに記してそのことを職員会議とか教科の先生にでも、俺の方からお願いしておくから」、と。

そういうことをしてみたら、すごいことがいろいろ出てきてね。こういう話、長くなるけど、たとえば、田舎ではあの頃まだ封建社会の「親分・子分」というのがあった。今もありますかね。一般の地域の中に親分格の家と、子分格の家があった。それで「親分の家と、子分の家の子どもが同じ年に生まれて、一緒の幼稚園に行って、一緒に小学校、同じ中学校、同じクラスになった」という日記なんです。中学二年生ですから、来年いよいよ高校の入学試験。その子の家は親分格の方なんですけど、おじいちゃん、おばあちゃんは孫を甘やかしちゃうでしょ。でも、勉強も出来ないし、やることもだらしない。どうしようもないんだけど、気がついたら二年になっている。「来年、おばあちゃんが言うようにK高校（地元の普通高校）に入れなかったら、俺はどうしたらいいかわからん。死んだようなもんだって。勉強できないから、へぇれん（入れない）ことはわかっている。でも、隣のだいちゃんは小さい時から一生懸命に勉強したから今ではクラスでも何やったって一番だ。俺らはずっと一緒だったけど、高等学校行けば俺はN高校（地元の職業高校）だし、あっちは普通高校だし……。こんなに違うなんて、おじいちゃん、おばあちゃんが毎日のように文句言って……」、そういう日記です。びっくりしましたね。まだここは封建時代だな、と。

またね、フォークダンスをやったんですよ。僕はダンス好きなんです。だから子どもたちもダンスをしたらいいじゃないかって。その頃、フォークダンスが盛んだった。ペアのダンスはできないから、そこでフォークダンスを、と。最初は「マイムマイム」です。ところが、手をつながないんですよ。子どもったら、男子が。どうしても手をつながない。先生たちも手をつながない。そうしたら、そのうちドロップアウトの子が一人、二人、棒を拾ってきた。そして、棒を間にしてつないだんです。棒の端と端をもって、女子は向こうで、自分はこっち側。それで終わったらすぐ水飲み場に行って、手を洗う。「きたねぇ（汚い）」って言うから、「お前、誰から生まれた？」「おかあちゃんだ」「おかあちゃん、男か女か？」「女だ」「じゃあ、お前きたねぇのから生まれたのか」「えぇ、おかあちゃんは違う」。そういう具合です。まだまだ、男女差っていうのが村にはあって。「これはとてもじゃねぇ（とてもじゃない）けど、都会に遅れちゃってどうしようもねぇ。大いにフォークダンスをやらなきゃならんな」って思いました。それから合唱では女子がいないと成り立たない、ちょうど変声期で男子は声がでなくなる時期でね。三年生になるといい声がでるんだけどね。そういうふうにいろいろな点で男女差があって、不都合なことがありました。

そういうことで、話を戻しますが、さっきのその日記を書いた子の話です。「毎日おじいちゃん、おばあちゃんに責められて、俺は先生、死んだようなもんだよ」「じゃあ、お前が受かりゃいいんじゃないか。まだ時間あるじゃないか」「だって勉強の仕方知らない」「勉強の仕方なんか友達に聞けばいいじゃないか。勉強のできる人がいるか」って言ったら、「隣のだいちゃん」。「あいつに聞きゃいいじゃないか。毎晩あいつのところ行ってな、一緒に勉強してごらんよ。そしたら、ここどういうことかわからんって聞けばちゃんと教えてくれる」「一つ、俺は気が楽になった」「お前、本気でやらなきゃいかん。もう長い癖がついちまってるからな。もしお前、どうでも今年三年になるまでに本当に確実に受かるくらいの力をつけたいっていうなら、銭かかるけど俺、家庭教師になるよ」等々と言って、まぁ、家庭教師はやらなかったんですけどね。

三年になって、とにかく子どもたちを今まで見ていて、この学校の子どもはみんなそうなんですよ。テスト、テストってやればやるほど成績が悪くなる。二年の終わりに、英語のクラスで最後に総合テストをしたんですよ。やりましたら、私のクラスは平均点が八〇点だったんですよ。他のクラスは四〇。ベテランの先生たちのクラス、四〇点なんです。「何点?」「俺のところは八〇点だよ」と言うと、「えぇ? ペーパーテストでいいって言ったって英語ができることにはならん」ってこう言った。そうですよね、その通りです。だから、「来年は、私はどんなことがあっても英語の授業はやりません」と、言ったんだけどね。

アメリカ人の指導主事の言う通りにやらなかったからか知りませんけれど、僕は「英語」を教えたんじゃなくて、「日本語的英語」を教えたというようなことになったようです。しかし、ペーパーテストはできましたよ、本当に。子どもたちが毎日のように「昨日教わったこと、先生書いてみせるよ」とかね。歌は年中歌うし。本が読める程度の英語は二年くらいからだけど、一年からやり直したんですよ。最初から教科書相手にしないで、一つひとつ単語を並べて、どうやったら文になるかっていうことをやっていったんです。オーラルメソッドじゃなくて外国語を教える。日本人が外国語を教える教え方っていうのは違うわけですよ。それをやった方が成功するということを僕はわかってたんで、自分がそういうことをやりましたからね。

中学の時、英語の先生に一人だけ素晴らしい英語の先生がいて、思い出しました、その時のこと。三年の時だったんですが、英語は七時間あってグラマー(grammar)からリーダー(reader)から、そんな中である夏の日の三時間目に『ピース・オブ・ストゥリュー』っていう小説を先生が持っていて、汗をかきながら、しーんとした中で訳すんですよ。乞食が一本の糸を拾ったのに、それを盗んだという疑いをかけられて、彼が死ぬ時に「俺は盗んだんじゃないんだ、たった一本の糸を拾ったんだ」と、それを訳すんですよ。それを僕はね、素晴らしい時間だと思いましたね。中学校ではその人しかいませんでしたね、そういう授業は。それが今役に立っていますけど。ああいうことをすれば子どもに好かれるんだっていうこと。それで英語っていうのは、本を読んだり小説読んだり歌ったりするのに必要なんだっていうことで僕はやったから、そういう授業を子どもたちにもやったんです。

「叱らない」「テストで脅さない」「男女が平等になった連帯感を作り出す」新たな実践

まぁ、そういうような学校だったんで、さて、ここからが本題なんですよ。三年生を卒業させてね、今度は新しい一年を受け持った。僕は、一番年が上だということで学年主任になった。子どもたちは新しい気持ちで入ってくる、それと同時に怖い気持ちで入ってくるんですよ。それで上級生がいたずらするんですよ。たとえば新しい自転車を買ってもらうと、ピンでそのタイヤに穴をあけるとかね。だから、そういういたずらを、新一年の学年主任になったから、子どもたちに嫌な思いさせないように、三年生をよく見て、子どもたちを粗末にしないように先生たちにお願いして、そして準備したんですね。

それで、一番まず困るのは、小学校で傷ついてきちゃって「俺は駄目だ」と思っている子をどうするかという問題ですね。その子がどうしたら勢いを取り戻せるか。勉強ができると思ってくる子どもはいいんだよ。その子どもは放っておいたっていいんだよ、学校が嫌にならないから。だけど「俺できない」「行ったってしょうがない」「来たかないんだよ、学校には」、そういう子どもをどうするのか、僕は主任だからみんなに相談したんです。そうしたらみんなで、いろいろ出ましたね。こうしたらいい、ああしたらいい、そういうことを話し合ったのがそこにあることなんです。

これは『ぼくたちの学校革命—山梨県巨摩中学校の記録』という、絶版になった私の書いた本に載っているんですけど、「暴力的行為に対してはかたく、学級はそれぞれ個性があったほうが良い」と。でも、集団として一貫したものが欲しいというのが教師たちの願いだったから、僕が一番大きく書いたのは「三年間、先生たちは挑みます。クラスも変えない」ということ。それまでは、生活指導の先生たちとの議論でやったときは一年ごとにクラスを変えていた。違う人と新しくクラスで一緒になるようにしたり……、僕は「そんなのだめだ」と。三年間で本当にお互いが知り合ったら、何でも言い合えるんじゃねぇか。そして、友達の力ほど自分を救ってくれるものはないということが分かるのではないか、と。

また、その次は「子どもを叱らない」「テストで脅さない」とか、この学校でやったまずいことを全部、先生たちが挙げたんですよ。「先生たち」が、挙げたんですよ。みんな上の連中の先生たちの権力に逆らうと教頭にも校長にもなれんからちゅうこと（なれないからということ）で、つまはじきにされるから黙って歩調を合わせてたんだなって思うんですよ。でも、ちゃんとみんな見てたんですね。

あと活動を発展させるというところからフォークダンス、コーラスを通して男女が平等になった連帯感を作りたい、一人ひとりの子どもの発想を大事にして遠足やキャンプ、校内の陸上大会とか運動会等で集団の質を高めようと考えました。クラブ活動が盛んなのは、校長や町長のために良い成績を取ってほめられたいというのが目的なんですよ。先生もそうすることによって早く教頭さんにもなれるという、そういうシステムなんですよ、公立の。だからそれをとにかく破らなければならない、そういうことなんです。

それから学級交流会。要するに、朝と帰りにホームルームをやります。とくに帰りのホームルームは一日のことについて話し合うんですからね、ものすごく時間がかかるんです。夜八時頃になって学校へ電話があって「なんで子どもが帰らないか」と。「はいはい、すぐ送っていきますから。心配しないでください」「先生までそんなに遅くにいて、先生もえらいなぁ（大変だなぁ）」「ええ、まぁまぁ」等々と言いながら。こうして『ぼくたちの学校革命』に書いたことは、昭和四三（一九六八）年か、四五（一九七〇）年まで続きました。

卒業の時、この頃の卒業式は歌を歌ったり、学校生活でどういうことをしたというのをしゃべったり、絵の卒業制作をしたりして、最後には「別れの言葉」。昔は答辞と言いましたけど、つまり下級生たちに対して私たちはこういうことをここまでやって巨摩中の伝統を変えて、ここまでつくってきましたよっていうことを言いました。長くなるのでここでは話しませんが、『ぼくたちの学校革命』、古本屋に行けばあると思いますから、なかったら図書館へ行って見てください。そこに、その子たちがやった、生徒の手で決まりをつくるとか、自分たちで学校に楽しみをつくるとか等々、どういうことをしたのか、立派なことが書いてあります。

楽しみっていうのは、どういうことかというと、私のクラスってね、一年の一二月、学校が終わる頃、「正月が来るけどつまらん」という子たちを連れてどっかに行ってスケートでもしたいなぁという話が出まして、それがだんだん大きな声になっていって、ホームルームで「じゃあ、行くじゃぁねぇか（行こうじゃないか）」ということになった。でも、銭をどうするかっていう問題があった。五～六名が「俺は一銭もねぇ」。そうしたら「お前、親戚からもろうら（もらうだろう）。親からも」「いや、俺んところは銭がねぇ」「じゃあ、どうする」「お前、銭ねえんじゃ行けんな（銭がないのなら行けないな）」等々。僕は黙って聞いていたけど、そのうち「それじゃあ、やめだね。しょうがねぇ（しょうがない）じゃん」、学級でみんなで行くのはまずいなとなった。

そこで、「お前ら、ばかだな」「なんで?」「銭をつくりゃあ、いいんじゃねぇか」「銭を作れるのか?」「銭を作ることができるか、それを考えるのが頭じゃねぇか。お前らゲームではいい考えが浮かぶけど、こういう時に良い考えが浮かばねぇな」「どうするかな、冬だしな。手伝ぇに行けんしな（手伝いにいけないからな）」「おい、一二月二八日は何の日だった?」「ボロを出す日だよ」「ボロか。そのボロどうする?」「どうするかね」。そうしたら、勘のいいやつが「先生はひっかけてきたな。そのボロをまとめて売れば銭ができる。そうだろう」「お前、よく気がついたな」「いや、一二八日にボロを集めて売るには、どうしたらいい」。すると、頭のいいやつが「校長先生に村の放送を頼んで、有線放送で流せばいい」「それはいい」。それで校長室に行って、帰ってきて「だめだ」と。「なんでだ」「一年三組のもん（者）ばっかじゃだめだとよ、あの有線放送は」「校長さんの立場ならな。じゃあその次のことを考えろ」「じゃあ、どうするかな。みんなで行っちゃおうか。ガリ版で刷ってみんなに配りゃあ、いいじゃないか」「それがいいや」っていうことになって、ガリ版を刷って、それでやりましたね。

その日は日曜でね、子どもたちに任せていいやって思って、でもそれでも二時に行ってみたんですよ。そうしたら父兄が三人ばっか（ほど）、リヤカーでまとめて手伝ってくれていたんです。そうしたら大変な金になりましてね。芦安というところへ、一泊でスケートに行くことができました。四〇人だったから、迎えの車が二回行ったり来たりして、僕もついて行きまして、正月の五日に。僕はもう何も言いませんでした。よくしたものですよ。自分たちでやったことは問題がおきません。私は随分そういうことやっているけど、一つも問題起きないですよ。一番やったのは、昭和二四（一九四九）年四月、夏に水泳に行きたいっていう話が出た時のことです。当時は闇米が売れる時代ですから、お米をもって一二〇名くらいで行きましたね。私一人でついて行きました。今考えると、先生がそういうことをする筋合いではないと思いますけどね。俺は三日間、飯炊きをやっていました。一回も海へ入れなかったんですよ。米売って、物買って、飯を食わせにゃいかん。それで事故が起きなかった。帰ってくる時も米が残ってたんで、売って、それでお菓子買って、子どもたちは喜びましたね。先生たちがちっともみてやらんだから（やらないんだから）。そういうことがありましたね。

さて、それで、スケートでは子どもたちにはかたく「あんたら正月の七日終わって今度学校始まったら言うんじゃねぇぞ、俺がやられるからな」って言ったんです。でもすぐばれちゃった。そうしたら隣の先生たちがきて「先生何をやってんの？」「子どもたちが廃品回収してどっかに連れてけって。それやったけど」「なんで？」「だって、ここでは各クラスで個性があることをやっていいって」「反対するわけじゃないけど……」。それから、学校全体で廃品を回収して、クラスへステレオをつけてレコード買って聞いたり、そういうことがありまして、かなりそれでね、変わりましたね。

日々の教育実践から育まれた「美しい」生徒たち

今もう、話そうと思っていたことの十分の一も話ができなかったんですけど、もう一つ。巨摩中で、ちょうど今頃、七月二〇日に学校が終わりまして、二一日から二三日の三日間で八ヶ岳へ行くことになったんですよ。登山です、本格的な。子どもたちは全部準備して、出かけました。そして明朝四時起きで山へ行くという時に、起きたらざんざん降り。でも、僕はその山登り主任じゃないので、その体育の先生と二人で相談したんですよ。そして、出かけましたよ。四時になって。

最初は木が生えていましたけど、二〇〇〇メートルほど登ったら、雨が下から降き上げてくるんですよ。びしゃびしゃですよ。こりゃだめだ。滑るし、何もないですからね、岩間しか。崖ですから、滑ったらイチコロもないですからね。それで引き上げたんですが、次の二二日も雨。その間、子どもたちはどういうふうにして暮らしたか。僕はよく覚えていないんですけど、ゲームをやって遊んでいたんじゃないかと思うんですけどね。でも、これがかえって体を休めるには良かった。それで、二三日の帰る日ですよ、東の空がピカーッと晴れてね。子どもたちがみんな起きちゃって。飯食って、もうすぐに出かけてキャンプへ戻ってこない。全部背負って出かけましたよ。それで、天狗という遊びをやって、もう一つやって、さぁっと降りてベースキャンプへ行って、車が待っているところまで行って、一日で行程をやっちゃったの。

僕はその子どもたちの顔つきなんかを見て、僕らが目標にしていた美しい強靭な体、しなやかさをもっていると思いました。ただクラブ活動で、野球で、鍛えたというような、そういう強さだけでない。いかなる困難でも克服するという体の、顔つきの美しいことといったらないですね。まさにこれは芸術教育の結果だと思いますよ。

登山中、休む時はみんなで合唱しました。合唱すると、僕は「子どもたちの毒気を抜く」って言うんですけど、本当にきれいな気持ちになって。また登山では誰も助けない、自分は自分で守るしかない。それだけの準備と能力をもっていく。こういう経験をすると、入試なんて簡単ですよ。案の定、子どもたちは入試も簡単に突破しました。三学期の入試の前に先生たちが参観した授業では、三年の入試前の子どもたちが芝居の練習をやってるんですね。主任になってから三年、五年かかってこういう生徒が育ってくれたんですよね。僕はあまりいい教師じゃなかったけど、毎日言うことが違ったり、いい加減なところもあったり。でもつまり、何だって言ったら、これは体制的な教育、校長や教頭とかそういう管理者の、権力をもっている人がつくった学校制度、それを踏襲させるところにきていた、それを子どもが破ったわけですよ、「自分たちの成長するように破った」という実践なんですよ。

昭和二四（一九四九）年に教師になった時に、学校へ行ったら指導主事がきて、一番最初に「新教育がわかっていない。あんたの授業見たけどなっちゃいない」と言われた。それで、どういう教育したらいいかって自分で悩んでいる時があったんですね。そこで、指導主事に「どういう教育したらいいですか?」と聞いたんです。「私、新教育っていうのわからないから。第一、教育の勉強何もしてないから、明日から私と授業して教えてください」と言うと、校長が「それは困る。指導主事は授業しない」と言うんです。指導主事は授業しないなんて、今もそうですかね。指導主事の授業、見たことないですよ。あの人たち、それほど研究してるんですかね。研究していても、一方向の研究しかしていないんじゃないですかね。

美術教育の話は今日できませんでしたけど、美術教育の方がずっと難しいです。要するに文部省（文部科学省）でも困る教科ですよね。今美術教育っていうのはものすごく下火です。感性の教育ができないから美術教育やってるんですよ。

久保貞次郎という、東京大学の教育学科を出て欧米へ留学し、美術の研究をしてきた先生がいて、ハーバート・

リード（Sir Herbert Edward Read 1893-1968／イギリス）の研究をしてきたんでしょうね。僕は昭和二四（一九四九）年の時に、そのハーバート・リードと、「サマーヒル」（Summerhill school／一九二一年創立／ドイツ）の作品や資料をたくさん持っていた。リードは、子どもが自由を奪われて、こういう子どもたちは抑圧を排除しないとやがて青年期にいろいろな犯罪を犯すということを書いてあるんですよ。それは難しい本ですよ……。

そんなわけで話が途中で、いつもの通りになりましたけど、終わります。

■主な著書

『低学年の美術教育』山梨新しい絵の会（共著）百合出版、一九七三年

『ぼくたちの学校革命―山梨県巨摩中学校の記録』（中公新書）中央公論社、一九七五年

『美術の授業を創る（授業をつくるシリーズ）』太郎次郎社、一九七八年

『教育実践の記録6』筑摩書房、一九八二年

『高学年の美術教育』山梨新しい絵の会（共著）百合出版、一九八二年

『甲斐ケ嶺』甲斐ケ嶺出版、一九九一年

（※著書における著者名表記は、「久保島信保」）

【解題】

小林柚実子

「教育は実践からしか生まれない。まず実践している教師が、教育書を読んだ時、何かが起こるのである。全国各地で、学校教育に対する告発が起こり、父母も教育者も教育評論家も政治家も教育の頽廃を口にする。しかし、これに対する積極的な教育実践はほとんどきかれない」（『ぼくたちの学校革命―山梨県巨摩中学校の記録』※「あとがき」より）。

久保嶋氏の教育への思いは、一九四九年に山梨県で公立中学校の美術科教師となって以降、数々の実践、研究を重ねながら紡がれていく。そして、一九六五年に赴任した「巨摩中学校」（現・白根巨摩中学校）において、さまざまな学校改革への取り組みを実現していった。農村地帯の巨摩中学校は、当時全校生徒約三五〇名、教員二五名ほど。「生徒を主人公にした教育のあり方」を探る改革は、当時の管理主義的教育体制を打ち破るものであり、テストの廃止、多角的な評価方法、また積極的な公開授業や研究授業の実施をはじめ多岐にわたる。その成果は「巨摩中教育」として広く知られ、年一二回におよぶ公開研究会では教師、教育研究者、父母等が全国から参加するほど反響を呼んだ。

そこでは、教師たちは「授業が悪いと子どもが美しくない」「授業がしっとりとしていて、子どもの表情が美しくみえるようになってきたとき、はじめて授業する楽しさを知るようになる」（前掲書、一二五頁）という授業への思いをもって、子どもの自発性、主体性を尊重し、「待つ」ことを大切にした。そして、「親たちに通信表が問題ではなく学習の内容が重要だということをわかってもらうまでには、まだまだねばり強く子どもとともに親を納得させる内容をつくらねばならない」（前掲書、一三六頁）との信念により、教材研究、授業の技術向上に全力投球する。その姿勢は学校行事やホームルーム活動にも貫かれ、合唱、演劇、作文等に生徒たちは自主的、意欲的に取り組むようになる。そうして、修学旅行のような行事も生徒たち自身で主体的に企画するようになった。また卒業式は「三年間の教育の成果を発表する場」とし、卒業証書の授与式後、第二部として「生きる」あるいは「創る」等のテーマを年毎に設定して合唱、演奏、演劇、和歌の朗詠、画像を含んだ舞台演出等を、生徒たちの手で企画し、全員参加による構成で発表した。二〇〇五年、巨摩中学の卒業生である川村美紀氏が『地方公立学校でも「楽園」だった―再生のためのモデルケース』（中公新書クラレ）を出版するなど、「巨摩中教育」は今もなお、教育現場における課題解決への道を拓く実践として生き続けている。

教育は、いつの日もいつの時代も、課題があり、解決に向けた取り組みの実践がある。久保嶋氏が、そしてその同僚教師たちが汗を流して取り組んだ学校改革を、今、教壇に立つ私たち教師は捉え直し、そこから学んだ多くのことを基に、目の前にいる生徒たちのために新たな実践として取り組み、彼らの「学び」に力を尽くしたい。

二〇一一年七月二三日

村田 栄一

『学級通信ガリバー』を通してめざしたもの

【村田栄一《むらたえいいち》氏　プロフィール】

一九三五年、神奈川県生まれ。一九五八年、横浜国立大学学芸学部を卒業後、一九八〇年まで神奈川県川崎市立小学校教諭として勤める。一九九六年から二〇〇四年まで、國學院大学講師（教職課程／教育原理）。「教育工房」主宰。フレネ教育国際集会にかかわり「現代学校運動ＪＡＰＡＮ」代表。二〇一二年一月、逝去（七六歳）。

＊

村田栄一氏は講演当時七六歳でした。「『学級通信ガリバー』を通してめざしたもの」をテーマに、『学級通信ガリバー』あるいは『このゆびとまれ』を中心にお話して頂きました。先生は、戦後教育についてもさまざまな方面の方々とお話しになり、本として出版もされています。今回は、戦後教育全般にわたってのお話もして頂きました。

はじめに

みなさんこんにちは。村田です。よろしくお願いします。今日のテーマは「『学級通信ガリバー』を通してめざしたもの」となっていますけども、一年間通して五〇号まで出したものが一冊にまとまったわけですが、それをやり始めたこともやっている途中もめざすという目的意識はほとんどありませんでした。ましてや本になることも最後になって突然生じたことですし、何もなかったんですけど、今考えてみればあんなことをやってしまったというモチーフみたいなものはいくつかありますので、『ガリバー』を通してめざしたものというより、そういうことをやらせてしまったという方に力点を置いてお話ししたいと思います。

教師になって一二年目 三度目の一年生の担任だった

この学級通信は本にはなっていますけど、現物が五〇号をまとめたもので、わら半紙の大きさですね。舞台となった川崎市立藤崎小学校というところは川崎市の大工業地帯と在日韓国居住地域に隣り合わせた場所でして、その学校にぼくは新卒教師として赴任したわけです。着任してから一二年目の仕事です。一九六二年度ですね。ですから今から四二年前ということになります。当時ぼくは三三歳から三四歳になろうとしていて、当時一年生だった子どもはそろそろ五〇歳になろうかというそれだけの時間が経ちました。この時の一年生は確か六クラスあったかと思いますが、ぼくが受け持った一年二組は男の子が一六人女の子が二五人という、圧倒的に女の子が数量から言っても勢いから言っても優勢なクラスでした。この『ガリバー』をやった時の一年生担任というのはぼくにとっては三度目の一年生でして、教師になった翌年に最初の一年生をもっています。この時も学級通信は出しました。二度目に一年生をもった時には同僚の教師から学級通信は出さないでくれと言われましたので、それならばということで学年通信を一手に引き受けて一年間、『週刊一年生』という学年通信を出しました。三度目に受け持ったときは校長が変わったばかりで、非常に悪質で陰険なやつでした。ぼくの周辺にアッシーを張り込ませるとか非常に遠慮する必要のない校長でしたので、遠慮なく学級通信を出すことにしました。それだけじゃなくて、学年便りだけにしてますと固有名詞とかそういうものを一切出せないんですね。そういう欲求不満がたまっていて、具体的な子どもの姿を描きたいという気持ちもあったんじゃないかと思います。

べ平連と全共闘の時代

実際にこの学級通信を出した一九六九年は大変な年でした。その翌年が大阪万博を控えて高速道路はできるし、新幹線は走るし、そのために日本中が大工事という経済的にも激しく変動した時期ですし、ベトナム戦争と学園闘争の時代でもありました。その意味で新宿争乱がありましたし、安田講堂問題もありました。この子たちを受け持って終わった頃によど号事件が起きるという大変な時代でした。そういう時代でしたのでぼくの周辺も決して穏やかではなかったわけです。実際に昼間は学校で『ガリバー』を刷ってるんですけど、夕方になると街頭闘争で捕まった教師たちが集まってきて明日教育委員会をどうやって攻めていこうかなんて相談をぼくの教室でやって、昼間は学級通信を出していた印刷室の印刷機が夜はビラを刷っているという状態でした。機動隊とぶつかりあっている時代ですから、反乱デモの最高責任者がぼくの家に隠れていたということがありまして、結構大変な時代の中で『ガリバー』は出てきたものです。

やはりこの時代を代表しているのは、全共闘だと思うんですが、それの影響が非常に当時は大きかったわけです。彼らが発した中心的メッセージというのは今まで我々は戦争やいろんなものの被害者だという形で運動してきたけれど、アジアの民衆に対する加害者としての責任を取らなきゃいけないと、そのための自己否定が必要なんだという言い方が強く出されました。だけど、当時言われた「自己否定の論理」というのがどうもぼくにはぴんと来なかったわけです。自己否定するからには否定すべきものが何かということを指摘しないといけないので、言葉だけ自己否定と言っても何にもならないのではないかと思ったわけです。

空疎な自己否定ではなく当事者としての具体的な姿を描く

それよりもむしろぼくにしっくりした考え方は何よりも当事者は自分じゃないかということでした。被害だの加害だの否定だの肯定だのと言う前に、今現在自分が関わっている仕事の当事者としての在り方をはっきりさせることをしなければ否定も肯定もできないんじゃないか。そういう点ではあの時の学園闘争っていうのは教育闘争でした。

全国どこの大学でも高校でも教育とは何か、先生とは何か、評価とは何かという非常にラディカルな問いが飛び交っていたわけですけど、一年生の教室で学校生活を始めるという相手に考えていく意味では、ラディカルな問いを問い直すという絶好の機会だったと思いました。そういう意味では、当事者としての有り様を何とか具体的に描き出すのが第一のモチーフであったということは言えると思います。

そういう思いを支えてくれたネタ本みたいなものとして一つ言えるのは、『暮らしの手帳』ですね。あの『暮らしの手帳』に素敵なあなたへというコラムがありますが、あれは非常に物事を丁寧に考えていくという点で大変参考になりました。それからもう一つ参考になったのが、『みすず』という雑誌の中に「デスク日記」という連載がありまして、当時のマスコミの中での操作のされ方みたいなものをいわばインサイドレポートなわけですけど、考えてみると教育も巨大な情報産業なわけです。そういう情報の中で教育という情報がどう操作されているのかという点では『みすず』の「デスク日記」は参考になったということを覚えています。

勤評闘争の中での国民教育論批判の帰結として

もう一つ、どうしても自分のやっていることをはっきりさせなきゃいけないという事情に追い詰められていたということもあります。それはどういうことかというと、勤評闘争です。ぼくが教師になった一九五八年は勤評闘争がピークに達したときなんで、就職とともに勤評闘争に参加するということがありましたが、その一九五五年にいわゆる社会党の合同、自民党の成立ということで五五年体制ができて、本格的な対立の時代になった。その手始めに五八年に勤評があるわけです。日教組は勤評闘争、自分たちのエゴの闘争だという風に取られるのを非常に恐れて国民的に大事な闘争だということを言いたかったんだと思います。ところが、普通の人から見れば先生は自分で通信簿をつけているのに自分が評定されるのに何で反対するのというレベルで捉えられていた。そういう中で一生懸命勤評は戦争の一途かなと飛躍しすぎたスローガンを掲げた時がありましたけど、それを理論的にフォローするつもりがあったのかわかりませんが、国民教育論という言い方で、論議が起こってくるんですね。それは国民という言葉は戦後すぐにはどちらかというと嫌われていた一種タブー視されていた言葉なんです。ところがそれがよみがえってくるというのが国民ということはそれ自体に反国家という意味を含めて、国民という名をつけることで反国家を表現したいと、そういう言い方で出てきた理論に対してどうも納得できないという形で、ぼくは国民教育論批判を始めるわけです。いろんな論者に対してかみついたわけですけど、かみついた相手というのも今考えれば、たとえば国分一太郎さん、長州一二さん、矢川徳光さん、斎藤喜博さん、芝田進午さん、日高六郎さん、上原専禄さん、堀尾輝久さんらそうそうたる大物ばかりにかみついているんですね。考えてみれば本当に無謀な暴走をしたと思うんですけど、そういう暴走の果てにたどり着いたのは何かというと論を批判していたんじゃしょうがないんだと。やっぱり国民教育そのものを批判しないといけないんだと。ということは自分がやっていることを批判的に取り組まないといけない、そういうことですね。そういうところに人様の意

戦後教育実践記録略年表

歴史教育者協議会（歴教協）結成　1949
矢川 徳光『新教育への批判』 1950
日本綴方の会（日本作文の会）結成　1950
国分一太郎『新しい綴方教室』 1951
無着 成恭『山びこ学校』 1951
数学教育協議会（数教協）結成　1951
第１回作文教育協議会（中津川） 1952
相川日出雄『新しい地理教育』 1954
寺島洋之助『入道雲』 1954
小西健二郎『学級革命』 1955
土田 茂範『村の一年生』 1955
須田 清『ガリ版先生』 1956
小川 太郎・国分一太郎『生活綴方的教育方法』 1955
清水 義弘『教育社会学の構造』 1955
戸田 唯巳『学級というなかま』 1956
東井 義雄『村を育てる学力』 1957
宮崎 典男『人間づくりの学級記録』 1958
斎藤 喜博『学校づくりの記』 1958
全国生活指導研究協議会（全生研）結成　1959
日本民間教育研究団体連絡会（民教連）結成　1959
遠山啓・銀林浩『水道方式による計算体系』 1960
阿部 進『現代子ども気質』 1961
日本作文の会62年大会　1962
大西 忠治『核のいる学級』 1963
福地 幸造『落第生教室』 1964
無着 成恭『続・山びこ学校』 1970
村田 栄一『飛び出せチビッコ』 1970
（原版『学級通信 ガリバー』 1973）
村田 栄一『戦後教育論』 1970
遠山 啓編『歩きはじめの算数』 1972
久保島信保『ぼくたちの学校革命』 1975
相川 忠亮『気まぐれ月報』 1975
遠山 啓『競争原理を超えて』 1976

（村田栄一作成）

見を批判しながらたどり着いたのは自分に戻ってきた。自分自身がそういう批判的に自分のやってる仕事を見直さなければならないというところに追い詰められていたということが言えると思います。

教育実践記録が面白かった時代とつまらなくなった時代

それが二番目のモチーフだとしたら、もう一つどうやらモチーフらしいものが考えられるんですが、その頃一九六〇年代後半になって教師の書く実践記録が全然面白いものが出なくなっていたという印象が強いんです。今日ぼくが勝手に組んでみた関連年表をお配りしているんですけど、ご覧になると分かるように、一九五〇年代から一気に戦後の教師の実践記録が出てくるわけです。

戦後教育実践記録を生む土壌となった生活綴方運動

五〇年代に出てきている教師の実践の基本になっているのは生活綴り方なんですね。生活つづり方運動が基本になっているということは、つまり、これは作文の教育ということで基本になっているのではなくて、戦後の実践記録の基本に生活綴方運動があるということは、いわば子どもたちが自分の生活を見つめて書くということを教科を超えてそれを活かしながら組み込んでいくという、どちらかといえば超教科的な一つの方法として生活綴り方が使われていたということが言えると思うんですね。それを称して、生活綴方的教育方法なんて呼ばれたこともあったのですけど、これは非常にムード的な言い方で、一生懸命国分一太郎さんが否定しようとして何度否定しても上手くいかないというようないきさつがあります。しかし、とにかく教師の実践記録を支えた原動力というか底辺にはそうした子どもたちの書く力を信用して、書く力を活かしながら組み立てていこうという教師の働きがあったということが言えるわけです。ところが当然それに対する反論が出てくるわけです。つまり、生活綴方に依拠するということは、身近かな日常にしか依存しないんじゃないかと。結局それは這い回る経験主義だとか、知識が身に付かないという批判が出てくるんですね。これは確かに自分にこだわるという点からすると意味が出てくるんですけど、同時にある種の自分を超えた客観的な世界の論理とどう組み合わせていくかという点では抜ける所もあって、いろんな批判がそこで出てくるわけです。その批判の一番大きいものが水道方式だったろうとおもいます。

日本作文の会は生活綴方的教育方法を放棄して作文指導に専念することになった

戦後、経験学習っていう形で目標が文部省が先頭に立って旗を振ったのがなかなか学力として見える形で身を結んでいかないという中で、遠山 啓さんが始めた数教協が経験学習批判を始めるわけです。それは同時に生活綴方運動批判でもあったわけです。それから似たような時期に歴史を通史として教えていかなければいけないという形で、歴教協ができるわけですが、その歴教協とか数教協を中心にした経験学習批判が進んでくる。という中で日本作文の会はどんどん追い詰められてしまう。実は実践記録が出始めた最初の段階で生活綴方的教育方法というあいまいな言葉を使わないと決めてしまうし、乙部（武志）さんが触れるかもしれませんが、六二年の日本作文の会の大会で歴史的な転換をしますよね。これからの日本作文の会ではいわば作文の指導に専念すると。生活指導は全生研に任せると。それから生活綴方的教育方法は一切使わない、という決定をするのが六二年の作文の会の大会なんですけど、そういう形で綴方運動はどちらかといったらどんどん教科の指導の方に押されて、一方では教科についての傾斜が強まってくる。ましては数教協が出した水道方式という形ではっきりした具体的な提案がでてくるときに、風向きが大きく変わってきたということは言えると思います。

そうなってくると、今度はどういう影響が出てくるかということなんですが、系統学習が主流になってくるとどうしても教科が系統的な整備ということが中心になってきますから、それができるのが専門の学者になります。そうすると、学者が主導権を握る。現場教師はどちらかといえばそれを立ててくれたプランにしたがって実践してみるという形で現場の教師の側が第一線に立つという位置から随分変わってくるという問題が出てきます。その当時の学園闘争の中では学者たちは専門馬鹿だといって学生から批判されていたんですが、教師たちの部分では専門知識を持っているがゆえに指導者だという形で、同じような時期に随分専門についての評価がいろいろ入れ違って面白い現象もありました。そうなってくると、どっちかって言ったら現場の教師は目の前にいるカオスとしての子どもたちに向かっていく、そしていろいろな試行錯誤をするということがなくなってくるんですね。そうなってみれば、そういう記録を書いたとしてもそれは読んで面白くない。やっぱりこぢんまりときれいにまとまってしまったものよりも、教師の悪戦苦闘ぶりがなければ面白くないのは当然です。

実践記録は非科学的で呪術的なものに過ぎないという批判

ところがもう一つ追い打ちみたいに学者の清水義弘さんが実践記録というのは非常に危ないと、非科学的だという批判をするわけです。これは『教育社会学の構造』という本の中で記述が不完全で主観的であると、文芸的記述のパターンにおぼれている、実践記録を支えるのはヒロイズムみたいな規範意識というものだと清水さんが実践記録に対して批判していて、ある意味では実践記録に対して当たっているところも随分あるわけですが、それを取り除いたら実践記録なんて面白くも何もないんですよね。実践記録というのは実に複雑な地域の状況、教師の状況、時代の状況や同僚の状況や複雑な組み合わせの中でしか出てこないものでなかなか一般化できない。一般化できないからと、これは第一に書く人間はどっちかって言ったらそこまで求めるのは無理だと思います。教師が出した試行錯誤だらけの、そういうものを科学として対象化するならば、第二次的な場所が必要だと思います。そういう場所こそ教育学者と教師との共同の場所だったんですけど、そういう場所に取り組もうという教育学者はあまりいなかった。というよりもそういうことに取り組んだ人知りません。この時期、各教科の専門学者というのは、各教科に珍重されましたけど、教育学者っていうのは何をやっていたんだということもありますよね。確かにその活動分野は教授学だという動きもありましたが、そういう分野ではきっとあったと思いますけど、現場の教師にとってどれほどその人たちの学説が力になったのか非常に疑問です。

子どもは「教える」対象でしかなく「学ぶ」主体とは思ってもらえなくなった

そうなると子どもに対する見方が随分変わってきてしまったのではないかと思うんですね。つまり、子どもが表現の主体である時代には、ある意味では子どもの発するメッセージをどう受け止めていくか、あるいはどう組み立てていくかに気を使うが、いかに系統的に知識を伝達していくかということが自然になると、情報の受け手として子どもを考えてしまうという意味では何か学ぶ主体として位置づける位置づけ方がこの時期にはゆるくなってきたのではないか。何かそういう形でこれは生活指導も全生研も含めて、一方的に教師が組織し教えるという路線で統一されていって、日本の民間教育団体が歩調をそろえたという気がします。そういうこともあって、年表の中に民間教育団体連絡会結成という一項目をいれておいたんですけど、この中心になっていた方は早稲田大学の大槻健さんですね。それから、もう一つその当時の状況として言えることは一九六〇年代は日教組がどんどん後退戦を強いられていた。勤評でやられて、次々に追い打ちが掛かっていく時代だったなと思うんですね。そういう中で当時の民間教育団体に非常に強い影響をもっていた日本共産党が方針としてこれからの戦いは内容対決であるという路線を出します。内容対決という言葉は民間教育の合言葉みたいになっていく。そういう形で、教科別に分かれて教えるべき内容を整備するという方向にそろっていく。その結果として、生きた子どもの言葉よりも受け手として子どもを設定するという状況が出てきているのではないかなと思うんですね。それからもう一つ大きな影響を与えたと思うのは、一九五八年に文部省が指導要領を改訂しますが、指導要領の中でそれまでの試案がなくなって拘束力が強くなったり、道徳が登場したり、極めて反動的なんですけど、同時に系統学習への転換をそこで文部省が出すわけですね。これでもって当時の系統学習を唱えていた民間教育運動の人たちがどちらかというと自分たちの主張が文部省に受け取られたという形で。指導要領体制に対する戦いが非常に中途半端になってしまった。そういうこともあって、内容対決ということで足並みがそろうという状況だったのではないかと思います。そういう状況の中で民間教育運動も、かなり体制的にはいわば系統学習の路線で足並みをそろえたんですが、一つだけ異議を唱えたのが郷土教育全教ですね。郷土教育全教は歴教協と一緒に歴史地理を分担する形で、地理についての系統学習をというので歴教協から言われて、そこで対立して民教研から抜けるということがありました。それから水道方式の中でも数教協の中で小さな分裂が起こりますね。横地清さんを中心にした分裂ですけど、そういう小さな諍いはあっても、基本的には内容対決。それから教科内容をそろえていくという形で、整列していきます。そういう中で、ぼくはどの民間教育団体運動にも所属していませんでした。もともと所属しようとしても受けいれてもらえなかったろうと思いますけど、いわば共産党系からも社会党系からもどこからも対立してましたから、そういう意味ではいろいろなところで出した成果をつまみ食いすると。遠くでみんな見ててつまみ食いしながらやるという状態。そのつまみ食いの様子が『学級通信ガリバー』には良く出ているんじゃないでしょうか。日本語の段階をやることとか、分かる算数をこの学年は使っていました。それから全生研のやり方でやったりということもあります。そういう、いわばどっちかというとつまみ食い状態でいたということだと思います。だけども何かその当時出てくる教師の実践記録が読んで面白くないなぁという不満だけは持っていました。面白くないから自分が書いてやろうかなんて思ったわけじゃないんですけど、どこかに読みたかったという部分が自分の書く文体やいろんなものに反映されていないとは言えないだろうと思います。格好よくミュータントのアルチザンなんていう風に書きましたけど、やっぱりどっちかって言えばどこでも通用する技術というより、ある種技能的な部分を身につけなければやっていけないなという状態だったなと思います。どういうわけか『ガリバー』という形で出して、本になって人に読まれるという状態で、いろんな人から反応もありました。

『学級通信ガリバー』から今のぼく

まず、お前の実践は知性としての冒険がないというふうに言ったのは無着成恭さんですね。無着さんはその時に『続・山びこ学校』を出したばかりでしたから、俺の『続・山びこ学校』の方が優れているということが言いたくてやったわけですが、あの人は『続・山びこ学校』というのは題名のつけ方がおかしいんで、本当は『反・山びこ学校』ですよね。山びこ学校なんて名前使ったのは最初の本におんぶしているわけで、後に詩の授業というのを書いた時に本人が自分で反だと言いましたけど、そちらからの批判がありました。つまり、お前は系統学習の系列ではやっていないということです。それから当時の東大の全共闘と同調して一緒にやっていた荻原博さんからは班づくりをやって班競争をやってビリ班を出すというやり方はけしからんという批判を頂きました。確かにそういうような部分はありました。それからどちらかといったら全生研的なものはすっかりぼくの中で消えてしまいますが、その部分で言うと、後になって『じゃんけん党教育論』という本を書きますが、たいていのことはじゃんけんで決めればいいんじゃないかと。有志制とじゃんけん制でやりたいやつが多ければじゃんけん。やりたくない人が多くてもじゃんけん。むしろ当たっちゃった人が職を上手くやりこなせばいいんじゃないかという形で、全生研的なやり方は後から消えていきます。それからお前のようなやり方で学力はどうなんだということもありましたけど、幸いなことにぼくは川崎に二二年勤めましたけど、最初の学校に一三年、次の学校に九年と、一度しか転勤していない。川崎中のどこの校長もぼくを引き取るということを言いませんでしたので、最終的には校長がお前自分で探して来いといったぐらいですから非常に一つの学校に長くいた。

一三年と九年。それだけいるとぼくのクラスから出た子が次へ行って落ちこぼれているのがいるのかいないのかというのはまちの人たちによくわかる。天気が良い日は散歩に行っちゃうとか、教科書に準拠していないとか、宿題を出さないとか、時間割は適当にしているとか、知能テストやらないとか、そういういろいろなことをやってもどっちかっていうと結果的には認められてしまうという状態になっているわけです。これは長年一つの学校に勤めていることによって、非常にやりやすくなった例だろうと思います。

この『ガリバー』をやってから九年後か一〇年後、ぼくはもう一回一年生をもちます。その前にも一年をもってますから、ぼくは二二年の教師生活で五回一年生を受け持っています。その最後に受け持った一年生の時に『このゆびとまれ』という学級通信を出しました。これはもうその時の保護者たちはガリバーを読んでて来られる人たちばかりでしたので、ガリバーに書いてあるようなことは書かなくても良かったわけです。どっちかって言ったら、その時の子どもたちの作品を中心に、ぼく自身が正面に出ていろいろと説明するということを避ける。むしろ裏方に回って子どもの作品を前に出すというやり方に変わっています。その頃にぼく自身のなんというかつっかえ棒という形でガリバー出してすぐあとぐらいにお前の教育実践の根拠になっているものは何なんだと誰かから言われた課題に対して自分でそれは一つは待つということだし、もう一つは「間違いにこだわる」ことだし、もう一つは「点数に置き換えない」という三点に自分自身で整理してみたんですね。そうしたら自分のやっていたことを一つの立脚点みたいな形で整理してみると今度はそれにこだわってやったらどういう形で実践が広がるだろうかということになって、それ以降の教育実践はだいたいぼくは自分に宿題にしたようなこういう準作みたいなものをどう応用にしていくかということが中心になっていったということが言えると思います。

それで退職してその後はヨーロッパを中心とするフレネ教育運動を始めていくわけですけど、そこでやっている人たちがやっていたことはぼくがやってきたことと非常に似ているわけで、延長戦を戦ってきたということだとぼくは思います。面白かったのは、ぼくは六〇歳になってから國學院大學というところで大学生相手の授業を始めたわけですけど、そこで自分のやってきたことをまとめるいい機会を得たということが言えると思います。これは大学の記録として二冊の本にまとめておきました。非常に駆け足でぼくは話してきましたがどちらかと言ったら話すべきことは今日ここへ来て、これこれについて語れと言われたので、皆さんからの質問でお話ししたいと思います。

■主な著書

『戦後教育論』社会評論社、一九七〇年
『無援の前線』社会評論社、一九七二年
『闇への越境』田畑書店、一九七三年
『学級通信 ガリバー』社会評論社、一九七三年
『飛べない教室』田畑書店、一九七七年
『学級通信 このゆびとまれ』社会評論社、一九七九年
『ことばのびっくりばこ』さ・え・ら書房、一九八〇年
『教室のドンキホーテ』筑摩書房、一九八二年
『ことばが子どもの未来をひらく』筑摩書房、一九九七年
『大学の授業記録・教育原理1』社会評論社、二〇〇五年
『大学の授業記録・教育原理2』社会評論社、二〇〇五年

【解　題】

安達　昇

村田のあゆみを著書などから読み解いていくことにする。
一九四五年の敗戦時、国民学校四年生の児童であった。学童疎開を経験した村田は戦後、新制中学二

期生として戦後教育（新教育）を経験し「人間尊重の教育」を受けていくのである。大学時代の教官である宮島肇は村田らの世代を「新憲法と民主主義を唯一最高の生活信条として教育を受け身につけて社会に出て行った世代」と位置づけている。このことが村田の生き方に大きく影響を与えていくのである。一九五八年神奈川県川崎市の小学校教員となり市立藤崎小学校に赴任する。一九六〇年代から一九七〇年にかけての村田は仕事と政治闘争で忙殺される。そんな中で子どもと向き合い、ありのままの自分とも向き合う姿を隠すことなく『学級通信ガリバー』で描くこととしたのである。『学級通信ガリバー』は一九六九年度の一年間、藤崎小学校一年二組で発行した学級通信である。学級通信を見てみることとしよう。藤崎小学校に勤務して一二年目の実践である。「ガリバー」はガリ版刷りの実践記録である。一号から五〇号までの発行である。縦書きで、子どもの学級での様子、担任との交流、保護者からの手紙、知人などからの便りなどが掲載されている。どの号も村田は一人称である「ぼく」で記述し自分自身の思いや肉声を保護者に向けて語っている。『学級通信ガリバー』が出版されると、これまで学級文集などを通して学級づくりをしていた多くの教師たちは村田の方式を参考にして学級文集の発行が盛んになり、（全国的に）文集の交流も行われた。「ガリバー」は教師たちに子どもと向き合い、教育実践の意味を問いかけたのである。村田の教育実践録としては『学級通信ガリバー』を発展させた『学級通信　このゆびとまれ』がある。一九八〇年に退職。スペインではセレスタン＝フレネの自由教育運動に共鳴し、日本における活動を開始する。教師を対象とする教育工房を主宰した。

久保嶋信保氏×村田栄一氏とフロアとの応答

司会：この会が始まる前に、打ち合わせでは久保嶋さんと村田さんに六点ほど、こんな形で討論の時にお話し頂けたらいいなということをお伝えしておりました。一つ目は、お二人の教育実践の背景には何があったかということ。二つ目は戦前・戦時と戦後の教育の断絶と連続性について。というのは、久保嶋さんが一九二五年生まれで敗戦時は二〇歳、村田さんは一九三五年生まれで敗戦時は一〇歳。一〇年の年代差があるわけですが、年代差が教育実践にどういう影響を与えているのか。

三つ目が、教育実践における教師集団と個人の問題について。教師集団ですから集団としてのチームの和が問われると思いますが、その一方で個人の実践も出てくると思います。その教員集団の関連について。四つ目は、戦後教育を踏まえ、現在の教育事情について気になる点は何がありますかということ。激動の時代の中の教育、あるいは戦後の高度経済成長期の教育、長期的な不況や難しい事情が重なり合う中で、教員が自信をなくし、子どもたちも未来を考えることができないという状況の中で気になることは何かということです。五つ目は、閉塞感のある教育現場の中で一番問われなければならないことは何かということ。そして最後に、教師をめざしている方や現職の教師へのメッセージ、その六点をお話し頂きたいと思います。

どれ一つ取ってもたくさんの時間が必要になると思いますが、討論のきっかけとして、私が聞きたいのはずばり「なぜ教員になりたかったのか?」。それを突破口にして、皆さんのご質問を受けながら進めたいと思います。

久保嶋：僕は絵描きになりたかったんですね。それは小さい時からそうだったんですよ。どうしてそういうふうになったかと言うと、家庭でいくらか余裕があったということと、親戚に東京の美術学校を出てパリへ行って悠々と絵を描いている人がいたからです。僕の家も最初は景気が良かったんだけど、だんだん良くなくなってきて家が傾いちゃったんですよ。そして僕が中学（旧制中学校）を卒業してすぐパリに行こうという時に、赤い紙がきたんですね。一年落第してるんですよ、中学校に受からなくて。勉強しなかったんですね。それで学校も嫌いだったんですよ。学校に行って成績が良くないからね、楽しくないですよ。ところが赤紙がきて、兵隊に行って、軽井沢で戦争が終わるまで穴倉に潜って飛行機を捕らえていたんです。アメリカのB25をね。

そういうことで帰ってきたのが昭和二〇（一九四五）年の一〇月で、一番残された遅い兵隊だったんです。甲府へ着いたら、ダーッと焼けてて、俺の家が一里ばかり向こうに屋根が見えてたのに、ねぇ（ない）の。毛布一枚と米をもらってきたんだけど、「あぁ、えらいこっちゃ。歩いていかなならんな（いかなければならないな）」って言ってる間に、浮浪者や子どもたちがみんな持って行っちゃって。家に帰りゃ米ぐらいあるだろうと思って帰ってみたら、八所帯が疎開していて、僕の家に。叔母の家から長屋から全部人がきて、軍隊がお蔵を一つ占拠してて、戦争終わったらみんな持っていって、おふくろ怒ってたんですけどね。家でとっておいたみかんも味噌もみんな食っちゃって、とにかく徹底的に貧乏になってた。帰って、「どうするんだろう？」と思ったんだよ。それで、夕方になれば停電ですよ。こんなニクロム線のコンロで飯炊いたら（ヒューズが）飛んでっちゃうんですね。

僕は行くところがなくて、中学校時代からいた分校に行ってそこを空けてもらったけど「どうしようもないな、ここにいても」と思った。それで無試験で入った美術学校へ舞い戻って、それが吉祥寺にありまして、行ってみたら誰もいないんで。それでそこで三年ぐらい絵を描いてた。

だけど飯を食わないといけない。二日ぐらい飯を食わないでいることもあったんだけど、一人、二人、金持ちの女の子が美術学校に入ってくるんですよね。その子の弁当をもらって食っちゃったり。それから学校へ教えに来る先生の家に行くと、奥さんが出てきて「また来たのね」って金くれて、学校へもってけって。芋を一〇円で買って食ったり、それでも絵を描いていたけど、そのうちに学校と喧嘩するんだよ、僕は。だって無試験の学校を、今度は入学試験をしようというんだよ。なぜかっていうと、絵描きになっても食えない人が社会へ出ていく時には資格が必要になるんだよ。僕は無試験だった。しかも卒業はいつだかわからんが三年いたっていうことになってる。だから何も資格がないんです。その学校は、今は武蔵美だから立派なもんですよ。その武蔵美の最初に入ってくる連中が「資格を取りたい」っていうんだけど、絵を描く学校が資格いるかい。今度は資格が出るっていうことでうるさくなるんだよ。いい学校じゃなくなるんだよ。

それで僕は校長に呼ばれて「学校やめろ」って言われて、「辞めて、いいようにしてやっから」って。そうして田舎に帰ってぶらぶらしてたら、その時は教員になりたいっていう人なんていないんですよ。それで、僕のおやじは碁が好きだったんだけど、地元の学校の校長が「碁を教わりに行きてぇ」って言ってきて「お宅の息子さん、学校の先生にどう？」と言った。おやじが「うーん、あの、なんちゅうにも困るから使っとくんね(使ってください)」ということで、校長さんが辞令をもってきた。お袋の着物をつぶして背広の服を作ってくれて「これを着て、明日から先生だよ」って言って、学校へ行ったんです。

小学校から中学校の先生を見ていて、先生ほど嫌なものはない、あんなのインチキだと思っていました。あの頃の先生っていうのは、僕が何もわからずに『資本論』をもって学校へ行ったら、校長が朝、「この中に、一人の伝染病患者がいる」と。「みんなを伝染病にするわけにいかない、処分する」と言う。「俺のことだな」って思ったら、案の定、おやじが呼ばれてね。おやじが帰ってきたら「あの先生、バカだな」って言ったんだ。僕は三年で学校を辞めたいと思ったけど、おふくろのためにね……、そういうわけで僕は先生になった、と。

それで、何をやったかというと、「子どもを不幸にさせちゃいけないんだ」ということです。指導要領も教科書も何もない中で「歴史を教えろ」って言うから、僕は戦争の話をした。校舎が焼けちゃったから、小さいボロ小屋作って、そこに筵《ムシロ》を敷いて一年生が二〇名、座っているんです。暑いですよ、もう。だからポプラのあるところに行って、腰かけて、そこで「おい、なんで戦争なんかするのかなぁ」というようなことで、まぁ、雑談ですね。東京から疎開して来た子で一人頭のいいのがいて、その子は家へ来てね、帰らないんだよ、夜まで。おふくろが心配してね、帰さにゃ（帰さなきゃ）って。車に乗っけて送ったことを覚えてるけど。

そんなふうで、僕は絵が好きで、描きたければ描く。じゃあ、何をやったかというとね、野球が盛んになってきて中高の対抗の試合があったんだけど、みんなで応援するにはどうすればいいかっていう話をして、でかい旗、家庭科の先生がミシンで作れるからその人を連れて甲府へ端切れを買いに行って、僕がデザインをしてでかいのをつくりましたね。それから子どもには応援歌を作るように、と。曲は子どもに「みんなで作れ」って言ったけど、作れなかったからベートーベンの「第九」を真似して作って、そして三・三・七拍子の応援の練習。それを授業しないでやってたんですよ。そしたら、見事に隣の学校へ追っ払われた。それで「お前の教育なっちゃいない」ということを言われて、頭にきて、そこでぶつかってということで。みんなの先生と、先生になる契機が違うんですね。

司会：お話の途中ですが、武蔵野美術大学を中退され、故郷に戻られてぶらぶらしていたら、教員にならないかという声が掛かってそれでなったという感じですか？　教員免許っていうのは、とくに？

久保嶋：後で取った。中学校（旧制中学校）を卒業して無試験で入った学校だからありえねぇ（ありえない）からね。三年行った、というのをもらいに行って、書いてくれたんだよ。でもそれを見せても管理主事はだめだと言う。中学校卒、それで一六単位取りなさい、と。だから「中学校・仮免」ですよ、最初は。それで、美術史なんてわかりきったものを一六単位、ひと月で取っちゃったかね。

司会：教員のなり手が少ないということでしたが、今は教員になりたい若者がたくさんいると思いますが、今の状況とはまったく違う？

久保嶋：昔の教員というのはね、小・中学校はちょっと裕福な家とか、一生暮らすような田舎の家のある人がなったんだよ。だから私みたいなのは、「先生になった」って言ったら同級生がびっくりするもの。「あいつが先生やってる？　できるんだか（できるのか）？」っていうわけです。またあの頃は、特別に困ってる人には周りが配慮して、頭のいい感心な子どもは先生がお金を出したりしながら師範学校へやったんだけど、とにかく東京行っちゃ困るから。それで僕も美術学校へ行く前に師範学校の試験が受かったんだけど、その日に僕は断りに行った。あんな学校、嫌だって。

村田：僕の年代は新制中学の二期生なんですね。僕の一つ上の人たちから新しい学制に移行したわけです。一つ上の人たちは国民学校に入って、国民学校を卒業した人たち。その年代だけですね、国民学校入学、卒業は。僕の時代になると、国民学校に入学して小学校で卒業しているわけですけど、新制中学二期ということは高校も新制高校の二期になるわけです。その頃、僕は疎開していまして、育ったのは長野県なんですけど、横浜に帰ってきて横浜市で高校に進みますが、当時の横浜市は小学区制でした。だから、僕は横浜市の鶴見区に住んでいましたけど、鶴見区の京浜第一国道より北は普通科に行く場合は県立鶴見高校しかないんです。国道から南側の人たちが普通科に行きたかった場合は、横浜市立鶴見工業高校に設けられた普通科に行くしかない。そういうふうに、学区内の高校に進むとしたら、普通科に関しては一つという状態で行くわけです。内申書だけで試験なしで入りますから、旧制中学校に勤めてきた教師たちからすれば、とんでもないどんぐりの背比べみたいなもので無試験で入ってくる連中なわけですね。ですから僕たちの前の年代から極端に、いわば成績の悪い連中も高校生になったわけです。

学校側はそれに焦って受験体制を強化したために、（生徒と）ぶつかって、高校の教師に反発するわけですね。「受験勉強するために高校に来たんじゃない」ということで対立するわけですから、そういう中でやっぱり高校の教師をみて「教師ほどくだらないやつはいない」という、教師への反感はものすごく強かったです。そういう反感の強いやつがなんで教師になっちゃうかっていうと、やっぱり戦後の新制中学の記憶なんです。

長野県の戦後の教育をコントロールしたのはアメリカのＣＩＡのケディっていうやつですけど、各県ごとに随分やり方を変えたみたいです。そのケディというのは、どちらかというと早々とレッドパージをやった人です。日本全体がレッドパージをするよりも一年早くやって、いわば赤退治をやったひとなんですけど、そのあおりを食らって僕の中一の時の担任の須田という先生が数学の担任でしたけど、その人がクビになりました。それから二年のときは国語を教えていた近藤という先生が追っ払われます。非常に早い段階でレッドパージを身近な教師で体験する。その教師が力があった、影響が強かったというのもあるんでしょうけど、どこかでずっと仇を討ちたいという気持ちになったんだと思います。そういう「仇を打ちたい」という気持ちが教師にさせたのかな。だから、学芸学部で学んで小学校の教師になるということは、早くから自分で決めて大学を受けたというところがあります。

司会：今お話を伺って、久保嶋さんも村田さんも教師への不信感が共通なのかなと思いました。この後、討論を進めていきたいと思いますが、ご質問のある方、どうでしょうか？

フロア：僕は一九七三年ぐらいに教師になったんですが、僕らが教師になった時に、久保嶋さんの美術の授業の指導塾みたいなのがあって、教員になってすぐぐらいに参加しました。村田さんの「ガリバー」は教員になって愛読しており、戦後教育論を含めて全部読んでいました。ですから、僕の教育実践も相当影響を受けてるなと感じています。

それで、近頃の教育実践記録は面白くなくなったと村田さんはおっしゃっていますが、一つには教科の系統性に関わっていくのではないかということなんです。たとえば久保嶋さんの著書『美術の授業を創る』を読みますと、「教科をどういうふうにしたら子どもたちが絵を描けていくのか」というあたりで触れておられます。僕は、授業実践で「絵を学級ごと全部持って来いよ」と言われまして、学級の子どもたちと絵を描いて作品鑑賞会をして頂いたことがありました。僕が上手だと思っている子どもと、久保嶋さんが上手だと言われている絵が全然違っていたということで、学校へ帰ってから子どもたちに「全然違ってたよ」という話をすると、子どもが「この子の絵は、一〇時間ぐらい一人で描いていたんだよ」とか「たった一つの柿を描いていたんだよ」というような話をしているのは聞きました。

もう一つ、教科の系統性みたいなものですけど、確かに僕も子どもたちに毎日日記を書かせていましたので「綴っていく」という作業と、それから教科の中で教材を作っていくという面白さも経験しているんですね。ですから、教師が教育内容で対決していたかどうかわかりませんけれど、少なくとも教師の側で議論をする時に「教材を作っていく時の面白さ」があったような気がするんですが、その辺はどう思われますか？

久保嶋：民間教育団体の運動を見ていてもそうだけど、前半は教科論じゃなかった。数教育の遠山啓さん（一九〇九年〜一九七九年／数学者）が見られてから教科論になってきてるんですよ。絵の場合、まさしく我々は教科論へ変わっていくんですよ。それを今日話そうかと思った。これをしゃべれば半日かかる実践だけど、最初やっぱり、子どもの作品は学級全体の作品で良い作品しか見てないんだよね。解放されていて、色が甘くって、大阪の栗岡英之助じゃないけど、彼も生活のリアリズムの本（『生活リアリズムの美術教育』一九六三年）に書いているけど、昭和二八（一九四八）年頃、合宿して「創美」（創造美術教育運動）をやっていた。僕は行かなかったけど、聞くところによるとヨーロッパの作品を持ってきたんだよね。画集の最初、知らない人と抱き合っているとか、握手するとか、全然日本のようじゃないんですよ。そういう解放運動ですね。それで、教師が絵を持っていくでしょ。こうやって見ていて、「解放されていない」と言う。「なぜ解放されていないか」って言うと、「教師が解放されていないから」と。全部教師の責任だって。みんな毎年、長野の温泉でやる研究会へ行って絵を見てもらうけど、解放論ばっかりなんだよ。

この間も山梨で、やっぱり昔の教科論よりは表現論だよなと言うから、俺はそうは思わん、観念論というかな。「創美」のハーバート・リードの本は難しくてわからんけど、英語の教材で良いらしい、日本の上村さんが訳した。人間を解放するっていうことは、絶対やらにゃいけんし（やらないといけないし）、僕もやったことは解放だと思うよ。「生活綴り方」ってさ、無着さん（一九二七年〜）が山元中学校（山形県の公立中学校／二〇〇九年に閉校）の時にやってたことだって解放運動だよ。彼は社会科を教えたって言っているけど、要するに日本的伝統の教育ですよ。学校教育の根。あれは解放運動ですよ。貧しい人がどうやったら豊かになるかっていうことだからね。僕は解放運動だと思うけど、解放するには方法があって、美術の場合だったら中学校ですから「サマーヒル・スクール」（Summerhill school／一九二一年創立）みたいな教育はできない。「創美」の場合だったら、サマーヒルみたいな学校のように何にも言わない、教えない。あの頃小学校では「教えない」というのが非常に重要だったんだよ。教えることで子どもたちは抑圧を受けるから、教えない。解放すりゃいいんだと。でも、それはできないんだね。

僕の場合、サークルを作って、小学校一年から中学生までモノを描かせてみたんだよ。そうすると、立体を描けるのがいつ頃かというのが自然にわかってくる。机を描いてみたり、腰掛を描いてみたり、人間を描いてみたり、人間の顔だって立体に描けないからエジプトの絵みたいになる。そういうようにすると、造形というのは発展過程というものがあるんじゃないかと。最初は空間の問題だったの。パースペクティブ（perspective）の話だから、最初は点ですよ。子どもたちに紙を与えれば、点ですよね。それから線でつながりになってくると、平面。その次は立体にいくわけでしょ、奥行。奥行っていうのはいつ頃子どもたちが意識できるか、これ視覚のメカニズムで、僕の美術の授業でも実験してるところがあるんですがね。ある研究会で、僕が障がい者七人を受け持って絵を教えたんです。子どもはすぐ飽きちゃってだめなんだけど、僕がやると半日絵を描くんですよ。どういうふうにやるかっていうと、まず子どもたちを集めるんですね。それで僕が座って、ただ歌ったりする。子どもは一生懸命なんだよね。でも、奥行のことはまだ描けない。それで、ネギを一本取ってきてきれいに洗って置いて「こうやるんだよ。いいか、鉛筆ちゃんと持って」と。平面ですよね。奥行なんかは段階があるの。小学校一年生は、線を一本引いたらこの線が規定線といってそこが自分の立っているところになるわけで。それで、ここの円柱がある。つまり、絵を描くにはいっぱいそういう問題があるんだよ。

ある小学校で、一年の子が一人、描かないっていうんだ。どうして描かなかったのか。お父ちゃんの誕生日のために小さい紙を用意して「お父ちゃんの顔描け」って言ったら、「お父ちゃんの顔もっと大きい」と言うんで、大きい紙にしたら今度は描く。つまり、この子は賢い子だと俺は言ったんだよね。ちゃんと実物を思い描いて対応する。

三年生くらいになって僕が言ったのは「国旗を描け」。ところが「まだ描けないよ」と言うからスケッチブック見たら、「描けないよ、でかすぎて描けない。だって、でかいんだもの」と言う。「おい、少しずつ下がってみろ。どうだ描けるか？」「まだ描けない」「もう少し下がってみろ、そしたら入るじゃないか」「あれー？おかしいな」。そういうように、ある系統があるんじゃないかということに僕は気がついたのね。だから系統を考えて教材を選ばないといけない。必ず、絵を描くには空間認識とか一つの系統がある。
最初、子どもに「絵は好きか、嫌いか」と聞くと、三人ぐらい「好きです」。あとはみんな嫌いですね。小学校で失敗してきているんです。なんで嫌いなんだ、と。こんな面白いことねぇじゃねぇか。面白くさせる方法あるんだけど、「上手くかけりゃいい」って言う。思ったように格好よく描くことを「上手く描ける」と言う。上手く思ったように描けなくてもいいんだけど、子どもたちはどうしても思ったように描きたいんだよ。だから小学校四年くらいからベテランが教えないと絵を嫌いになるんですよ。

司会：続きまして、村田さんへの質問をお願いします。

フロア：「ガリバー」ではさまざまな民間教育団体の手法を取り入れて学級実践が語られています。だけど、お話の中では教科の系統性の方に民間教育団体が傾斜しているというか依拠するようになった。そうすると「生活綴り方」みたいな形で書き綴っていく学級通信というのがあるとは思うんですけど、それと、子どもたちの有り様を描いていく、表現していくと面白いと思うわけですね。ただ、教師の側から見ると、その教育内容を自分たちが教材を作っていく魅力もあるんじゃないか。教えていくという教育だけじゃなくて、教材を作るということにも面白味があって、そこに大きく流れていったのではないかという気がしているんですけど、どうでしょうか？　先生の実践の中ではそういうところにいくことはなかったのですか。

村田：僕の場合には非常にハプニング的なことが多いですね。つまり、計画的に前もって構想を温めて、あるいは準備をしてというより、目の前に出てくる問題、子どもたちがたとえばこういう日記を書いてきた。これを使ってどうするかとか、ハプニング的な形でルーティン化している教科書時間割を教えていくというところに少し違うものを投げかけるというのが多かった気がします。その限りでは系統的でも何でもないんですけど。ただ、それはそんなに年がら年中あるわけじゃなくて、基本的な時間は系統的な授業の方にいくわけですけど、何かハプニングへの構えの部分のところで学級通信のネタが拾えているということが言えるのだと思います。それはどうなんでしょう。教材を作るという点からするとあまり計画的じゃないですよね。だから、やっぱり怠け者教師のやり方に合ったやり方を僕は自分で取ってきたんじゃないでしょうか。

司会：村田さんが通信を書かれる時に、最初に詩が出てきて、親御さんへ向けて書く場面と、子どもたちに向けて書く場面と、子どもたちの意見を拾って描く場面とバラエティに富んでると思うんですけど、通信を書くときのハプニング的な要素ということでしたが、一本筋みたいなものはあるんでしょうか？

村田：筋は別にないんですが、詩を使ったのはある意味かっこつけですよね。もう一つはその時によって、一つの物を見るときに巨視的な大きな物差しで、扱っているのはスカートめくってるとか細かいことでしょ。それをごちゃごちゃやらずに大きい目で見てほしいというのが、それに合わせて詩を選んで載せているということになると思うんです。そういうことでバランスを取っていたんじゃないでしょうか。

フロア：私は、高校の教師に反発的で、教職は一つも取らないし、だけど小学校の教師になったんです。それは学園紛争とかあって、『暮らしの手帳』の書評を読んで、それで『ガリバー』を買って、びっくりして「こういう世界があったのか。こういうことをしてみたい」と。通信教育で一から教職を取って、三〇で教師になって、「私も学級通信を作りたい」と思って教師になったようなものです。『ガリバー』を読んで小学校以外には目もくれなかったんですが、小学校教師になったら、意外と他学科を出た人が小学校の教師になっていたりという例がいっぱいあるんですよ。今考えれば系統学習とか学力問題とか少し専門性を持たそうというような流れもありますよね。小学校でも教科担任制など。先生のも総合学習的ですし、評価横断的だと思うんです。小学校を選んだ気持ちをお聞かせいただければ、と思います。

村田：たまたま『ガリバー』が一年生を担当対象にしているだけあって、教科への接近度は問われない部分もあるんじゃないかっていう気がするんですね。だけど、小学校の場合、とくに戦後の教員養成の基本的な理念として掲げられた「リベラルアーツ」ということが言われましたけど、その部分をいい形で発揮しなければまずいんじゃないかという気がするんですね。それは必ずしも専門性を排除するものではないと思うんですけど、簡単に言えば雑学と言ってもいいかもしれませんけれど、好奇心があちこちにどんどん広がっていくような、子どもがそういうタイプなわけですから、それに対応していくためにはやっぱり教師の方もある意味ではそれに付き合って好奇心を広げていく、そういうタイプの人の方が相性が良くなるんじゃないかという気がしますね。そういう意味では文部省の方針が一九六五年くらいからはっきり変わりますよね、教師養成の方針が。それまで掲げていたリベラルアーツの旗を降ろしちゃいますけど、やはりその問題は非常に大事なんじゃないかという気がします。やっぱり小さい子の方が好きだったということもあるのかもしれませんが、そういう面白さを求めていたと思います、僕は。

久保嶋：僕も小学校で教えたことがあったけど、その時には、たまらなかったね。こんなに子どもと時間を過ごせたことない。僕が敷島小学校でやった三年、すごかったな。いい子で。もう待ってるんだよ。入り口で待ってる。それでみんなダーって走ってきて、「今日、何をしたい？」って言うと、だいたい三年生ぐらいは相撲取りだよ。一校時から相撲取りして校長が怒ってね。あれがサマーヒル・スクールだったらできるんだなぁって思った。だから子どもをね、汚すのも殺すのもみんな先生だね。学校だよ。今だったらもっとそれは思うね。先生は教えちゃいかんよ、本当に子どもが要求するまで待ってなきゃいかん（いけない）よ。教えて、ペーパーテストして、どっかに入るように、ということを使命にしてちゃだめだ。

僕の時は、中学へ行くのに子どもが自分で願書を出しに行ったんだよ、自分で、自転車に乗って。試験の時だって、先生は来やしないよ。一人だよ。受験学校はぞろぞろいっぱい来るけどね。その子どもたちだって一年たてばみんなだめになっちゃう。だから「教育を考える」って言ったら、もう少し先生たちは「待つ」っていうか、子どもが何かやりたくなるまでね。僕は最初、困るときは途中から授業やらなかったんだ。遊ばせていたんですよ、飽きるまで。それでもう子どもが「先生いつやるの」って言うから、「お前、やりてぇ（やりたい）かい」って言ったら、「うーんやりたくない」、「じゃあ、遊んでればいいじゃねぇか」と。

僕はサークル作ってたんですよ、でも、去年あたりからそのサークルに行かなくなった。だめです。先生たちが体制というか、そっちの方ばっかり、校長、教頭、学校の先生たちの方ばっかり気にして嫌われないようにしていて、自分のやってることもわからなくなってるし、そんな実践は面白くねぇ（ない）。だから、行かないんです。縁切っちゃったんですね、もう。今、実践家から先生たちは縁を切られちゃって、子どもからも切られちゃって、父兄からも。何が悪いかっていうことだね。

美術教育っていうのは市民権がないんです、と僕らは言ってた。教科論というのは市民権を得るためにやったんだよ。だって、学校で何かあると潰すのは美術ですよ。市民権がないんです。国語や算数は市民権がちゃんとあるんだけど。音楽はまだあるだろうなぁ、体育はもちろんあるけど、美術は市民権がない。だから教科論やらない、それで僕は表現論を考える。表現論というのは、子どもたちがまず人を頼りにしてちゃ表現はできない。それから決断が必要だ。芸術の中でそういう点を非常に鍛えられるんですね。人の真似をしていた人は、自分の表現できないですから。

僕らの合言葉にしてるのは、子どものリアリズムの追求が課題だということなんです。文部省（文部科学省）は、指導要領を見たって何を子どもたちに求めているのか、分からない。指導要領はいっぱいいろいろ書いてあって、美術でも工作から何から、あんなことできやしない。それで美意識までやれって言うんですよ。だから本当に美術っていうのは虐げられた教科だ。それを何とか教科論を組み立てようとしたのが、僕たちのサークルだし、途中でダメになっちゃいましたけどね。数学みたいなわけにいかねぇんだなぁ。

フロア：村田先生は、学級通信を作っておられて、子どもが子どもらしく成長した瞬間っていうのはどんな時に多く現れたか、聞かせてください。

村田：「子どもらしく」っていうのはよく分からないんです。たとえば、一年生を受け持って、七夕の時に、七夕のお星さまへのお願いというのを書きます。非常に短い文章しか書けない。その子どもたちが夏休みを過ぎて二学期に入るとものすごく伸びてくるというのがあります。文章を書く力が。一年の終わり頃になると本当にすごい文章を書く。とくに一年生はそういう力の伸びが目立つ学年なのかもしれないですよね。それと気持ちの変化というんでしょうか。これは『このゆびとまれ』に書いたんですけど、一年を受け持った時には成長を良く感じました。それが子どもらしいのか、あまり意識したことありませんけど。低学年の成長の幅は、高学年よりもすごくはっきりみえる。それを見える形で表現させてあげないのは損だなって思いますよね。

フロア：子どもたちの成長というのは、学校行事で見られることが多いですか？　表現が伸びるとか、そういうきっかけはどういう場面が多いでしょうか。

村田：僕の場合は行事作文みたいなものはあまりやらず、もう少し頻繁に書かせたりするし、日記を書くこともやっていたので、そこから話題を提供していたりもしましたし、何が手掛かりかはわかりませんね。

久保嶋：大阪に、教師を辞めた「美教協」（美術教育者協議会）の女の先生が、今も子どもの美術教育で生活綴り方をやっている。つまり、モノを観察してそれを一言、子どもたちが言葉にするんですね。それはモノを与えなけりゃ、見せなけりゃ、言葉は出てこないと思うんですよ。昔から僕は思うんだけど。美術教育とか言えないもんですよ、僕に言わせれば、そういうカテゴリーじゃない。

フロア：言語認識は、どういった場面で伸びていくと思われますか。

久保嶋：モノを見せた時に、子どもたちは言葉にする。「なーに、これ」、「これはこういうもんだよ」とか。そういうことによって認識が広がってくると、それが言語になってくるんじゃないかと思うんですね。

　子どもたちが触れてるものをちょっと先生が伝えて、あとは子どもに任せちゃっても子どもは深まってくると思いますね。僕は、絵と言葉とはすごく関係があると思うんですよ。だから幼児なんかは言葉、言葉から絵にくるんですね。

村田：学級通信というのは子どもたちの表現を投げ返す場でもあると思うんですね。それは他のものよりも遥かに子どもに読まれるし、他の何よりもそこに出ている作品は友達同士読むし、そういう意味では刺激になるのではないでしょうか。自分の表現したものに反応があるというのは嬉しいことだし、そういう場を用意してあげることになるんじゃないでしょうかね。いちいち教師がああだこうだ言わなくても、伸びていく部分、刺激になる部分もあるし、そういう勢いがある分だけ「カッコ使ってごらん」とか、ほんの小さな助言が生きてくる気がしてきます。活きてくる子と、こない子がいますけど。

司会：それでは、冒頭で述べた六つの点の後半の部分に触れて頂きながら、戦後教育を振り返り、現在の教育で気になる点は何か、閉塞感のある教育現場の中で問われていることは何か、これから教師をめざしている方や現職教師へのメッセージを語って頂いてまとめにかえたいと思います。

久保嶋：僕はね、先生もっと勉強しろ、と思います。勉強が最大限じゃないかと。勉強という言葉使っちゃまずいな、つまり我々が残した実践が面白かろうが面白くなかろうが、ちゃんと読んでくれということです。研究会へ行くと、とっくにやったことばっかりやってるんだよ。「そんなこと二〇年も前に誰がこうして」って言うと、「あ、そうなんですか」って。本読んで勉強してないのか。その代わり何やってるか知らんけど、昔はたくさんの人が本当に金がないのに勉強して教材を作って、先生になって、その成果を研究したりして本になっている、そういう人がいっぱいありますね。

そういう意味で、たとえば齋藤喜博さん（一九一一―一九八一年／教育者）もものすごく当時は有名で本もたくさん出したけど、僕は喜博さんには抵抗があるんですよ。彼は結果しか言わない。すべて見せろって言ってもみせない。やめる時に、境小学校（群馬県伊勢崎市）で丸山亜季さん（一九二三―二〇一四年／作曲家）と二人で子どもの合唱会をやったのを見に行きましたけど、もうわかりましたね。相当訓練してるな、こんなに硬いのでいいんか、と。でもね、喜博さんの言ってることにはみんな感動してるんだよ。だから電子音で感動している、ということよ。僕ら、子どもがいい絵を描いたときは、持って帰って一晩中抱いて寝るぐらいだよ、うれしくて。そういう教師の醍醐味を味わってほしいなと、僕は思うな。

生徒を注意すると父兄に文句言われるなんて、昔からいっぱいありますよ。私なんかどのくらい村の青年に待ちぶせされて、夜中に闇討ち食らったかわからないですよ。三年生はタバコの中毒だっていうことがあって、「こいつらのタバコはやめさせる」って言ったら、教員がみんな僕のこと「校長」って言うんだよ。若かったし、「おい、校長タバコくれ」だって。そういうような昔の荒れた教育状況の中で、僕たちは楽しんだ。闘うことが楽しかったのかな。そうじゃなきゃ俺、教師なんかしたくはない。そういう子どもたちと一緒になって闘っていくっていうことが、本当に楽しかった。だからね、熱血教師なんていうことを言うんじゃないけどね、教育っていうのは楽しいまにゃ（楽しまなくては）だめだと、俺は思うんだ。

そういう点では、今の先生を見ていると、父兄に文句言われたらだめ、生徒が何かやったらみんな校長が出て弁解する。本人が出ていけばいいじゃないか。クラスの子どもだったら、自分が出ていって、こんな体制というか、教育委員会とか教育基本法の問題とか、君が代、話にゃならねぇよ。今どうしようもない。明るい未来はないですね。

司会：久保嶋さん、展望がないっていう部分が出てきたんですけど、村田さんにバトンタッチということで、これから教師をめざしている方々へのメッセージあるいは一番問われていること、展望を含めてお願いします。

村田：随分すごい問題に答えなきゃいけないみたいなんですけど、どの時代にも制約はあると思うんですね。たとえば、もし『ガリバー』みたいなものを今出すとしたら、実名でうちの子を出してくれるなとか、あるいは特定の子しか出していないとか、親たちのいろいろな批判が当然前よりも出てくるだろうし、いろいろあると思います。印刷技術は遥かに進んだけど、出す条件が悪くなってると思います。僕がやってた時代にだって、学級通信をやめて学年通信にしてくれとかあったし、この時代でもいちいち校長がチェックしたり事前に原稿出せと言ったり、一度もそんなことやりませんでしたけど、そういうようなこともありました。どの時代にも制約はあると思うんですけど、その制約を跳ね除けて楽しむにはその時その時の力関係とかさまざまな芸が必要になってくるだろうと思うんです。

久保嶋さんが言うように、楽しまなきゃ損だと思いますよね。楽しむためにむしろ負けない芸を磨かなきゃいけないだろうと思います。それはどういうものかっていうのはその時その時で違いますから、一概に言えないと思いますけど。『ガリバー』なんていうのを話題にするということがどうなのかというふうに思いますが、考えてみれば今日はアナログ放送最後の日ですよね。考えてみたら僕がガリ版で『ガリバー』をそのままやったなんてのはデジタル化を必要とする時代にアナログで乗り込む、反時代的な試みだったのかもしれません。むしろ手作業彫りが読む人に安心感を与えたとかいうことはあったんじゃないかと思うんですけど。カメラもマニュアル。車もマニュアル。僕はマニュアル大好きですから、そういう手作り性の部分のところにこだわってコツコツやるしかないのかな。どっちにしても楽しんでほしい。今現役でやっている方もこれからやられる方も、楽しんでほしいと思います。楽しむために磨き上げた芸を見せて頂きたいと僕は思っています。

司会：久保嶋さんと村田さんのお話を伺いながら現場の教員、研究者、大学生、たくさん考えることがあったと思いますが、司会の方でまとめるというのはほぼ不可能に近いので、とにかくお話を伺って面白かったなという気がします。久保嶋さんの話はべらんめぇ調で「もっと元気出せよ」みたいな感じで。

久保嶋：山梨弁だよ。

司会：村田さんは理論的に実践史を振り返りながらのお話で、整理されたお話はとても勉強になりました。

二〇一一年七月三〇日

乙部 武志

綴方運動のめざしたもの

【乙部《おとべ》武志《たけし》氏 プロフィール】

一九二九年、青森県野辺地町生まれ。旧制中学卒業後、国民学校の代用教員として勤務する。その後、青森師範学校を卒業し、東京で小学校教員として勤務する傍ら、「日本作文の会」に加わり国分一太郎に高く評価され、後に常任委員となって機関誌の編集や理論的な研究を中心に活躍する。都立大学、大東文化大学等で講師も勤めた。

＊

一生涯教育の現場で、教師として勤められたことを誇りにされた乙部氏から、生活綴り方という場面でのさまざまな思い出や思いを語って頂きました。

はじめに——教師に何を望むか

学校の先生っていうのはね、だいたいここに並んでいる人たちを見たら、すぐテストをしたいという癖がどうやらあるらしいですね。どうですか、そうじゃありませんか。子どもたちを見てるとテストして力量を計りたいというのが多分にあると思います。

今日は、先ほど司会者と打合せした中に、若い教師たちに望むということが書かれていまして、若い教師たちにまず授業あるいは教育全体のことを言うならば、ずっと考え続けてきたことは、まずは子どもたちを平等に扱うということですよね。そしてできる子だ、できない子だっていう区別は本当につつしんで、みんな平等だ同じだというふうに考えないといけないんですね。ですから、テストによって何かランク付けをしていくということは、たいへんに不遜なことにはなるんですけど、今日は幸い僕との距離が短いものですから、ここに「風」がつく単語を書いてきました。これを全部しかも僕の意図にあった答えを書いた人には、今日は賞品を用意しています。子どもたちにすぐ賞品だとかあるいは何かお土産だとかっていうようなことは今では非常に流行ってることで、しかしあまりいいことではないんですけどね。早速、これは自己採点で皆さんに僕が点をつけるんじゃありませんから、すぐに答えてみてください。見えないおそれがあるので、書かせてもらいますと、1番は誰でもできるようなもの。まず新規学習ということからいって、優しいところから難しいところへいくのがとても大事なんだそうでございますから。残念ながら今回は学生さんの数が少ないような感じがするので、本当にやりにくいんですけどね。

まず第一番目に今頃の「凬」はこうは言えないんですけど、言葉としてはこういう言葉がありますね。二番目はこういうふうな「凬」もあります。なんだって川なんですけど、「凬」という字が持つ意味合いを考えますといろいろありまして、そしてこういう「凬」もありますが、すべてこれにふりがなをしてもらいたい。なぜ私がこのようなことから切り出したのかという、出題意図を的確に当ててくださった方がいらっしゃったら、まず景品の本を一冊さしあげる、そういうやり方にしたいと思います。もうほんの一秒か二秒でできることですから、おそらく皆さん自己採点一〇〇点満点だろうと思いますけど、ちょっと発表して頂きたいのは、こういうふうに並べ立ててみますと、ちょっとこの中には異質なものが一つあるんですよ。質の違うものが一つだけある。それをなぜ僕が出題したのかということを正確に答えられたらまず賞品。いかがでしょうか？　皆ふりがなができましたでしょうか？　本当ですか？

フロア：５番が分からないです。

　５番が分からないですね。５番が分からない人はだいたいにして早稲田を愛する精神のない人なんです。早稲田を愛する精神のある人ならば、これをちゃんと読めるはずなんです。さぁ、そこまでヒントを与えて、ニヤッと笑った人がいますから、あるいは、さぁどうでしょう？　こんなことで時間をとっても、何も生活綴り方にならんじゃないかというかもしれませんけれども、今日は教員養成ということもありますので、そういうことからいったらお許し頂けると思うんですけどね。

　はい、じゃあ、こういうふうにいって、異質なものっていうのはこれとこれと、異質の最たるものはこれなんですよ。これはもう誰でも読めると思います。五月の「風」、「薫風《くんぷう》」。そうですね。これはまた「風」とはちょっと違うけれども、様式という意味をもった「唐風《からふう》」のものである、中国風という意味で使いますね。今日は実は最後のこれ（「皇風」）について、早稲田を愛する人の心をくすぐりたいと思いますので、これに私がふりがなをしてみます。そうしたらあるいは、わかるかもしれません。これ、「きみかぜ」（皇風）と読ませます。さぁいかがでしょうか？　そうしてここにもう一つヒントを与えましょう。七八という数字です。教師の授業というのは子どもたちの頭の中にいつでも問いが入っていて、それを解こうとするというものが学習意欲につながっていくということがいえるわけですよね。そういうことからいいますと、この七八は、まだ怪訝な顔をしている方が多い。それでは、土俵入り、十両幕内の力士は皆まわしをつけます。まわしには母校の名前などが刺繍されております。古い名前が、これがついこの間までのしこ名（尚江）。これが新しいしこ名（皇風……早稲田大学出身としては、元関脇笠置山以来七八年ぶり史上二人目の関脇）。この文字を選んだのは琴風。今の尾車親方。生活綴り方とは、関係がない話になりそうですね。

そういうことで話があまりね、何だこりゃというものだけ話したんじゃしょうがないから、最近物議をかもしている人に田中克彦（一九三四―）がいます。彼が書いた漢字が日本を駄目にするという内容の、角川の新書が非常に話題になっております。国分一太郎（一九一一―一九八五）は現場に立っているときに漢字の数を五〇〇字で間に合わせようとしたのですが、そういう中に峰地光重（一八九〇―一九六八、一九二七年鳥取県上灘小校長）という方は、国分一太郎よりも先にそういうことを提唱して、小学校の四年生以降に与える漢字辞典を「五〇〇字辞典」というふうに言って、自分で謄写版刷りをして、やがてはそれが全国の仲間に知られることになって、その峰地さんの作ったものを国分一太郎たちも使ったということがあるんですね。

しかし、どう見たってこの字は「きみかぜ」とは読めませんね。なぜ、琴風、今の尾車親方はこういう文字をしこ名に選んだのでしょうか。これはこの下は金、王様です。その王様の上に城持ちがたくさん重なるようにというんで、その上に城を置いてこの文字を用いて、しかもこれをきみかぜと読ませる。きみですよ、きみ。なんの君？　大王の君ですよね。時代錯誤もはなはだしいと大阪の橋下（元大阪府知事橋下徹　一九六九―）に怒られそうですよね。その橋下も早稲田の出身。ということで、この尚江という早稲田大学出身の力士が今回入幕をする、そういうことでもって、これに「きみかぜ」と名前をつけたということなんですよね。

戦時下での生活綴り方

さぁ、こんなことで僕の意図というのは、一つは漢字教育というものを小学校の教師はどうしたらいいか。もう必ずと言ってもいいぐらい、カリキュラム、学習指導要領が変わっていったときには漢字がとりざたされます。そしてそれがどんどんどんどん多くなっていきます。そういう一つの傾向の中で、これからお話しすることは、いかに上からの圧力で人びとは考えを変えなければいけなかったか。これは戦争中の教師たちがいやというほど味わったものだろうと考えます。

国分一太郎を中心にということで、僕が最初に依頼を受けました安達昇さんに伺ったところが、国分一太郎をかなり説いてもいいという言葉を頂きましたから、今日はそこにずっと絞っていきますが、あまり知られていないかもしれませんけれども、ある絵描きさんがいます。その方が出版した本ですが、『反権力の証言』（富山妙子、合同出版、一九七一年）という証言集があるんです。そこに国分一太郎は論文を寄せまして、自分は戦争中にこのような迫害を受けた、このように抵抗した、あるいは教材はこんなもんだったということを書いているんですけど、戦争中に生活綴方運動に身を投じた人たちのほとんどが、治安維持法の廉で何らかの制裁を受けたということであります。実際に投獄されたという方も多いんですけど、その投獄もほとんどは未決というかたちが多かったようですね。実際に刑が決定して入った人はそんなにはいなかった。その完全な判決を受けて獄に繋がれた人として鈴木道太（一九〇七－一九九二）がいる。これはペンネームですけれども、この方は実際に収監されて大変な苦労を味わった、今回の国分一太郎の繋がりでいえば、お互いに実践を持ち寄って、かたや仙台、かたや山形県の東根ですから、いわゆる仙山線でもって行き来をして、場合によっては子ども代表としてお互いに行き来をしたということがあります。綴方教師たちの中で、これはやむをえないということになるかもしれませんけれど、そういう実情をご存知の方はもう今はあまりいないわけです。

私は一九二九年生まれ。一九二九年というのは綴り方に関係をつければ、非常に記念すべき年であるわけです。もちろん世界大恐慌があったり、経済的な事情もありましたけれど、北では秋田でもって豆腐屋のおやじと一般に言われていた成田忠久（一八九七―一九六〇）が『北方教育』という雑誌を創刊します。それから、南国土佐では小砂丘忠義（一八九七―一九三七）という先輩が『綴方生活』という本を立ち上げます。この人たちがまさに身銭を切って、全国に檄を飛ばすというかたちになったんですが、ほとんどの場合に官憲に頭を抑えられるということになったんですね。しかし、だいたいこの時に強制的に転向させられるということが、抑圧的に行われていたということがあり、ほとんどの人はどっかで転向を誓わされているんですね。まず第一番目に、何に反したものがそのような処遇を受けるのかといったら、当時の皇国民の道。そういうことで、すでに国民学校と改称されている時代ですから、その時代には皇国の道にのっとりということに違反したものが、ほとんどの場合に罰を受けたということですよね。

東井義雄『村を育てる学力』と国分一太郎

特に狙われたのは綴り方の人間たちです。彼らは自分で論文を書いているんですね。その論文が逆鱗に触れたということで、戦後しばらく立ち上がることができなかったという人たちがたくさんいるんです。今日はその中から兵庫県の丹波地方で活躍し、その後は宗教者として名をはせた東井義雄（一九一二―一九九一）という人と、国分一太郎のいきさつをご紹介いたします。実はほとんどといったらいいでしょうか。我も我も、いや実は私は民主教師だったというふうに言う人が多い中で、絶対教職にはつかないということを考えて、筆を持ったという人が教員仲間でもたくさんおります。その一人に今申し上げた東井義雄がいるんですけど、東井義雄がそれでもなんとか心を静めて、根っからの学校教師ですから、もう一度自分で子どもたちの前で実践したいということで、明治図書から『村を育てる学力』（一九五七年）という一冊を出すことになったんです。明治図書というところは反動的な書物もたくさん出し、今でも『解放教育』なんていう部落問題の雑誌を出している出版社ですけれど（※二〇一二年三月より休刊）、この東井義雄が出版するに当たって、ひと肌脱いでもらいたいと頼んだのが国分一太郎。国分一太郎にどうしても序文を書いてもらいたいと申し出て、一冊の『村を育てる学力』という本ができるわけです。

この『村を育てる学力』という本は、こういうかたちでまだ残っているので持ってまいりました。当時の教育界、民間教育団体ではこれに飛びつかない教師はいなかったというほどに。じゃあ、どういうふうに国分一太郎の序が書かれているのか、ぜひ一度手に取ってごらんになって頂きたいと思うんですけど、実はこれが出る頃になって、初めて国分一太郎は朝日新聞の「声」に転向の難しさという投書をするんです。その投書の中身を見ても分かるんですけど、転向というものがいかに難しいかということですね。そういう国分一太郎がどんな序文を書いたか、誰でも興味がわくんですけど、やっぱりお互いにすねに傷を持つ者同士で、国分一太郎が書いたのはこういう中身でした。少々くどくなりますがお聞き頂きたいと思います。

東井義雄さんのこと、ひろい体験と深い思慮から生まれたこのりっぱな本、個性のあふれためずらしい本、その巻頭に私のようなものが、こんなことを書いてもよいのだろうか。私が東井義雄さんを知ったのは、たしか昭和一〇年前後のことであった。あるいはもっと前なのかもしれない。ともかく、『綴方生活』『生活学校』『教育・国語教育』『工程』などの誌上で、その名を知り、よく勉強する人だなと、いつも思っていた。私たちが北方性教育運動をとなえたとき、西の方からいち早く賛意を表してくれた人のなかに東井さんもいたような気がする。アズマイかトオイか北方のみんなで語りあったおぼえもある。昭和十一年秋の『教育・国語教育』に私が「教壇的批評と文壇的批評」という小論を書いたときにも、何かの雑誌で、東井さんはいい論文だといってくれた。生活綴方運動や教育科学運動が活ぱつになり、その人物地図が話題に出ると「兵庫では東井」と、きまって指におられるのが東井さんであった。

やがて生活綴方や「生活学校」に弾圧がくだされ、私たちのつながりはバラバラになった。主なものの身体も牢屋にもっていかれた。昭和十八年暮れ、牢から出た私は、東京のある工場に就職した。

（村井義雄『村を育てる学力』明治図書、一九五七年）

この工場が日本タイプライターという会社で、これが縁でやがてこの会社が長野に疎開します。一緒に働いていた国分一太郎夫人はこの長野で生まれた人です。ということで、まだずっと長いものですけど抜粋しました。

小学校教員から出版業への「転向」

この戦争中に弾圧された人たちは、戦後こういうかたちで再会し、そして手を握って新しい民間教育に精を出していく。こういう例はたくさんあります。国分一太郎はそれではこの時に転向の難しさというものを書いたと申し上げましたが、どのような文章だったかということですね。ご存知の通り、「声の欄」というのは字数が非常に限られております。そういう中にその転向の難しさを出したわけですね。

原本は朝日文庫の「声の欄」を集めたこれがそうでございます。この「声の欄」の目次をごらんになったらお分かりになると思うんですけど、一九四五（昭和二〇）年の見出し、目次のところを見ると、世相をそのまま表しておりまして、電気がついて良かった、野菜泥棒を取り締まれ、また耕さざる田畑あり、農村にたかる役人は……、なんてことがずーっとございますが、こういう中に転向の難しさなんて書くのは相当勇気がいったんですね。

志賀直哉（一八八三―一九七一）というのはどういう投書だったんでしょうね。ハッと気がつく方もいらっしゃるだろうと思うんですけど、日本語を表わす国字にフランス語を用いよう、英語を用いようだとかが挙がったことがありますね。そういう中に志賀直哉がいたんですね。そういうことに対する反対の意見が投書として出たこともある。世相も非常に険しい時代ですから。この時代にもし、大阪府知事の橋下が、日の丸・君が代のルール違反をしたやつは一人残らずしょっ引いて行くんだ、ということが言えたでしょうか。という考えを持たないわけにはいかないですね。

小学校教師という立場でありながら、こういう官憲の弾圧を受けて本当に立ち上がった人は少数であった。立ち上がれない人の方がむしろ多かった。しかし、生活綴り方陣営の人たちはもうはっきりと自分の生きるところは、本当は教師にしがみついてでも教師道を全うしたいんだけど、おそらくこういう苦汁を家の者たちになめさせるわけにはいかない。ほとんどが伝手を頼って、出版業の方に鞍替えしていく。出版業というのはたとえば、「日本標準」は学習参考書を出している会社がございますね。ここの石橋勝次（一九一一―　）という人は岩手で活躍した人です。というふうに出版業の方に鞍替えしていく。それから児童文学の作家に変わっていくものがいるということですね。もちろんそのまま教師道を貫いた人もいないわけではないですけどね。

小西健二郎『学級革命―子どもに学ぶ教師の記録』

今日、実は最初に準備しましたレジュメがかなり大雑把なものだったので、いろいろ皆さんの実情を考えている間にアレンジをしなきゃいけなくなったということで、手元にございます私のレジュメは、ほとんど改編してしまったと言っていいと思うんですけど、やはり皆さんに特に教師養成という立場から言うならば、ぜひ紹介したい人物がいます。それはつい十年ほど前、兵庫県で講演を頼まれたときにお話ししました小西健二郎（一九二四―一九九五）です。小学校教師ならばたぶん頭に浮かんでくるんじゃないかと思うんですけど、あの『学級革命―子どもに学ぶ教師の記録』（牧書店、一九五五年）という本を世に出した教師です。

国分一太郎のことを紹介して書いた文書の最初は、新しい綴方教師に出会ったときに、この名前は何て読むだろうというので、世の中にたくさん国分なんて決してそんなに珍しいものではないのに、「くにわけいちたろう」と呼んでましたね。本人がそう書いているんだから間違いないですね。そういうふうなことでこの「くにわけいちたろう」と言った、小西健二郎のことを話さないわけにはいかない。ということで、小西健二郎のことを調べて話したことがあります。

この小西健二郎の『学級革命』という本は、まさに今までの生活綴り方から生み出されたものとは違って、国語教育界でもあるいは全体を見ても、官側と民間側の中ではもちろん民間の団体にも所属して活躍していました。ところで、国語教育学会の会長なんていうのをつい前年までやった倉澤栄吉（一九一一―二〇一五）という人がいますね。東京都の指導主事、文部省の視学官を務めて、筑波大学に関係しましたでしょうか、その他文教大学に関係するということで、今なお隠然たる勢力を持っている彼ですけど、この倉澤栄吉が「学級経営の金字塔」という言葉をこの『学級革命』に冠しました。すなわち、素晴らしい業績だということで言ったわけですけど。この倉澤栄吉が褒めた褒めないにかかわらず、小西健二郎の実践というのは素晴らしかったんです。この小西健二郎の『学級革命』の中で細見勝郎という子ども、この人はチャンスがあれば詳しく話そうと思うんですけど、やがて玉田勝郎（一九四一― ）という名前に改姓して登場するんです。この玉田勝郎はどういう位置にいるかというと、関西大学の教授です。名古屋大学を出まして、それが国分一太郎の『小学校教師たちの有罪』（みすず書房、一九八四年）を読んで、「回想生活綴り方事件」、それを自分たちの機関紙である『むらぎも通信』というのに載せてございます。つい一昨年お会いしたばかりですけど、対等につきあってくださいまして、現在は中野重治（一九〇二―一九七八）の研究をしております。この時には綴方教師の教育的抵抗と挫折ということで、国分一太郎の（これからまだまだ話題になっていくであろう）『小学教師たちの有罪』について論評をしております。

「あかのまき」

転向の難しさからこの『小学教師たちの有罪』に至るまで、僕は何度国分一太郎の取り調べをした砂田周蔵（一九〇七―一九六九）という警部補の話を聞いたか。特高でございますね。特別行動警察。特高。その一人ですけど、かつては文学青年だったという男が才能を見込まれて、いわゆる思想犯を取り調べるというところに行ったわけですね。戦争中いわゆる「あかのまき」、「まき」というのは親戚だとか親類を「まき」というんですけど、そのために自分たちがどれほど苦労したか。エピソードとしては東根市が、一度国分一太郎の顕彰碑を作りたいと言うので、議会に提案した。その時に立ち上がったのが誰だったのかというと、二人いまして、一人は政党関係の人、もう一人は親戚の人。いまさら顕彰もあるまいに、我々がどれほど苦しい生活を強いられたか。ああ、あれは「あかのまき」だというふうに言われて、親戚の一角からその顕彰碑の建立という物に反対の声が上がって、とうとうこの計画は潰れてしまったということがありました。思想犯というのがいかに家族だけじゃなくて周りの者たちも傷つけたかということになります。

我々は過ぎ去ってしまったこと、煮え湯を飲まされたこともすべて忘れてしまいますけれども、国分一太郎は亡くなる一九八五年まで、さまざまな迫害ということを承知していながら、いろいろ努力して頑張り、戦争中にあれほど苦しめられた男は、また亡くなる直前で苦汁をなめなければならなかったということ、こんな理不尽なことがありましょうか。政党における個人というものが、もう一人歩きできないという状態が、政党の中にあるんだということがはっきりと分かりますね。

晩年のエピソード

国分一太郎が亡くなる三年前になりますか、四年前になりますか、神戸で日本教職員組合の大会があった時に、研究集会ですね。記念講演を依頼されるんです。その記念講演、非常に綿密に計画を立て、的確につかんで感銘を与えながら評するという人でありますから、我々はぜひぜひ講演を聴きたいと思っておりましたら、某組織の意見の違いで、それを引きずり下ろすための運動が埼玉県辺りから始まるんですね。それが指令となって全国に指令され、国分一太郎が話を始めたそのすぐ後に席を立って、ずっと退場するんですね。こういうことが一九六〇年辺りの国分一太郎が共産党を除名された、その時にすでに起こっているんですね。一九六二年のころに除名された後で、生業の一つとして地方行脚、地方に方々に出かけていっては講演をして、なにがしかの報酬を得て、暮らしを支えているという生活をしていました。

その頃から僕はよくお宅に伺って、つぶさにいろんなことを聞いていますけど、先ほど長野で一緒になったという夫人は、その頃車の運転免許を取りまして、ポーラ化粧品のセールスマンを始めるんですよ。そのために国分一太郎は地方から講演で帰ってきて独りで食事を作り、独りで食事をする。しかしこの男、なかなか味にうるさくて、田舎の美味いものを自分で作って食べるんですね。帰ってきて食事を自分で支度するということを厭わない男でございました。その料理がなかなか美味《うま》いんですよね。

一九八五年、亡くなる前の正月に、国分一太郎を囲んでの恒例の酒盛りをしたんですけど、その時も山形特有の納豆汁を作って食べさせてくれました。そして、そこには必ず漬物がありました。弟正三郎の奥さんが漬物名人でございまして、漬物を必ず正月に合わせて贈ってくださるわけですよね。そういうことで我々ごちそうになった覚えがあります。

エピソードを話せば、まだまだたくさんあるんですけど。戦争中にあれだけの迫害、弾圧を受けて、さらに晩年今いったようなことで、必ずしも暮らし向きはそんなにいいとはいえないということでございました。

生活綴り方への批判

さぁ、ここでそろそろまとめといいますか、少し今日のこの生活綴り方に関係したことで話しておきますと。盛んに動き回っていた六〇年代の後半から七〇年にかけて、六〇年代もそれはあったんですけど、生活綴り方に対する他の民間教育団体のいわゆる批判・非難がどんどん出てくるんです。急先鋒は数学教育協議会（以下、数教協）の遠山啓（一九〇九—一九七九）氏でありました。この人はあの有名な水道方式の提唱者で、いわゆる科学者でありますから、日本作文の会で使われている用語についても徹底的な批判をした人であります。

その一つ、まず概念砕きということが戦後すぐにたくさん使われるようになった。国分一太郎というと概念砕きというふうに言ったわけですけど、この概念砕きということ自体が学術的にはおかしい話じゃないか。我々は物事を検証し、そしてたった一つだけじゃなくて二つも三つもいろんな工程を経て、実証検証を重ねたうえで、これはあらゆることに照らし合わせて間違いないことだという、一つの定まったこと、すなわち定義ができたところで新しい概念が構成されていくわけですよね。それが概念砕きとは何事だというわけですよね。急先鋒で本当に全然歯に衣を着せないお人でありました。同宿して交流はしょっちゅうしていたんですけど、遠慮なく切るところは切るという人でした。

生活指導研究会、全国生活指導研究会、ここの人たちも日本作文の会みたいにしてめった打ちにされてきたことがあります。それは生活指導に関してですね。特に一九六〇年、国分一太郎が除名された辺りから非常に旗色が悪くなっていくんですが、この時代に忘れてはいけないのは、いわゆる生活綴り方というものが、簡単に言うならば、文章を書かせるについても、国分一太郎の長瀞小学校時代よく言った、書きたい題材をいつでも懐にしまっておけ、そしてそのことを書いていけという指導をした。こういう固持というか固持に近いんでしょうね。そのやり方について、まるでそれでは冷蔵庫に入れておいたものを、食べたい時に出して食べるのと同じじゃないか。かたや水道方式では、たとえば小学校一年生の足し算でも系統的に水道のいわゆるシステムと同じように、この段階が済んだらこの段階、この段階が済んだらこの段階。だから、たとえば（1けた＋1けた）、これも繰り上がりのないものを先にして、そして繰り上がりのあるものを後にして、という体系を立てたわけですね。

その後もお付き合いしている銀林浩（一九二七―）氏は、数教協の委員長になった方ですが、こういう方々を我々はしょっちゅう招いて、綴り方の勉強会でもって数学の人たちの物の考え方を吸収するということをやっていたんです。本体の遠山啓氏はなかなか我々と意見を一緒にするために、同じ場所に集まって生活綴り方の話をするなんてことはありませんでした。何を言いたいかだいたい見当つくと思いますけれど、学問というものあるいは教育というものは、系統的でなきゃいけない。系統のないところに学問は成立しないという考え方ですよね。ですから、この段階が終わったらその上にこれを打ち立てていく。その段階が終わったら、またこれを打ち立てる。これが終わらないうちに、その次のここに行くことはできないんだという、科学者の当然いうようなことですね。そういうことを常に言われていた。じゃあ、日本作文の会あるいは国分一太郎はそれに何にも答えなかったのかというと、そうではありません。戦前からすでに指導段階というものの案を作って、実際にそれを実践している仲間がたくさんいたんですね。私などは遅れて、年齢からいってその人たちと一緒じゃありませんけれど、常にどこへ行くのにも、人さまの前で綴り方の話をするときには、生活綴り方、その考え方、進め方という、我々はこれを鼠色の本と言っているんですけど、これを持ち歩くんです。

生活綴り方の本質

ここで生活綴り方の本質ということと、もうひとつは系統的指導を書き記され、今ここに「生活綴り方教育正しい作文教育における指導段階の定式」という見出しがございますけれど、ここで我々の自己満足では数教協の水道方式に負けないような、きちんとした系統が成立しているんだということで、これを持って行っては反論することをよくしたんですけどね。

話があちこち行きますが、最後のまとめとして申し上げておくことは、現在の皆さんの中で小学校教育に携わった方もいるでしょうし、あるいは全然無縁の方もいらっしゃるでしょう。いずれにしてもご自分のお子さんとかお孫さんとかに、綴り方教育というものについて、考えたり、感じたり、具体的につかんでいることがあるんじゃないかと思うんですけど、そういうことからして、果たして皆さんからどんな声が聞かれるでしょうか。すなわち、現在綴り方教育がきちんとなされているだろうか、どうだろうかということですね。

今日資料としてお持ちしましたのは、先生の指導のもとにできた文集が皆さんの手元に渡っているんですね。綴じてございます。これをごらんになってお分かりのように、国分一太郎は常々生活勉強という言葉をよく使っておりました。生活勉強に対する反対語は何かというと、我々がいろいろな書物を読んだり、文化の事物に実際対面してそして外から得ていく、すなわち文化遺産の継承という意味での学問ですね。そういうものはいわゆる生活からじかに学んでいくものとは違う。したがって、生活綴り方は生の自然、加工された自然じゃなくて生の自然の中から自分で気づいたことや学んだこと、そういうことを題材として書いていくことですね。それから今度は社会現象として、我々が自分で否応なしに遭遇させられたことがある。そこに中国に行った話が出てくるんですけどね。それらを見ていても、よくここまで物を調べて書いたなぁと感心するようなものが随所に出てまいります。

もう一度言いますと、自分の身の回りのことですね。身辺に起った事象・現象そういうふうなものを捉える。わかりやすく言うと博物館で学芸員の話を聞いて勉強するとか、あるいは百科事典を引いて、インターネットで調べて、自分で知識をものにしていくんじゃなくて、身の回りの生の自然、生の社会の現象そういうものから学んでいく。これはその気にならなかったならば、そのことをつかむことができなかったと思われることですね。そういうことを普段から鋭敏な触覚でもって感知して、そのことを題材として書いていく。ですから、ここで別の側にあるものは何かと言ったら、ファンタジーです。子どもたちがありもしないことをただ書いていくということはさせない。もちろん空想やその他ファンタジーを真っ向から否定しているのではなくて、ファンタジーはやはり必要になって出てくることだって必ずある。

一つの例として言うならば、『吾輩は猫である』とか、井上ひさし（一九三四―二〇一〇）が大槌町に例をとったNHK連続人形劇『ひょっこりひょうたん島』があります。単に『ひょっこりひょうたん島』が面白いというわけじゃなくて、あそこに出てくるのは、人間の関わり合いや自然と人間との関わり合いだとか、そういうものがすべて出てくる。井上ひさしが亡くなってから、新潮新書から『日本語教室』（二〇一一）、彼の母校である上智大学で講義した最終講義と言われているものが一冊になって出ています。本当に惜しい人を亡くしたなと思います。そういう人が書いた『ひょっこりひょうたん島』は、付け焼刃みたいに、あるいはちょっとしたヒントや、その時の思いつきで書いたものではありません。

綴方教育、作文教育とは

ということで、今日予定していたことは、僕のノートだけでもまだいくつかあるんですけど、なぜ最初に国分一太郎の転向の難しさというものと、それから東井義雄の『村を育てる学力』の、いわゆる入口のところだけを話したかというと、今、小学校で満足に作文教育が行われていないという現状があるんですね。生活綴り方なんて限定しませんよ。生活綴り方そのものがなかなか分かりにくいということもあるでしょうから、限定しませんけれども、しかし文章を書かせられているということ、あるいは書かせている教師がいるということですね。そういうことが希薄になっているということです。

そういうことで今日は、まとめらしいまとめは出しません。質問があったら、またそれで続けますけれど、とにかく綴方教育、作文教育がすたれたときには、逆にファッショ化していくだろうと言えます。すなわち自分たちの意見を開示することが抑えられてしまいますから。

東京都における君が代・日の丸問題で、教師がそれを踏み絵としてやられてしまっている。ひどいものになりますと、現在条例なりあるいはその他学習指導要領でもそうなっているから、ルール違反の者は徹底的に取り締まるんだ、というかたちで出してくる大阪府知事（当時）の問題もありますね。弾圧というものはそういうところから芽生えて、それは日常茶飯事として行われる。こういうことを我々は戦争中に痛いほど知っているわけですね。

具体的な話はなかなかできにくい状態にあるんですけど、こういうふうな苦労をしながら、みんなが綴方教育に邁進してきたんだということの意見の一つとして、あの有名な寒川道夫（一九一〇―一九七七）の『山芋』があります。その後、現在文教大学にいます太郎良 信（一九五一―）によって、あれは大関松三郎（一九二六―一九四四）の作品ではなくて、寒川道夫の作品であるということを、いろんなことを挙げて喝破したんですけど、それと教育の問題というものとすぐ衝突させて考える必要はないんじゃないかということです。

目の保養にならないかもしれませんけれど、これが寒川道夫の『山芋』の原本でございます。謄写技術がそれはそれはうまい方です。美術的にも素晴らしいものを持っています。国分一太郎をはじめ、仲間のみんなが初めからこれは教師と生徒との合作であると言ってたんですね。僕の話は全く値打ちのないものだったかもしれませんが、この『山芋』については寒川道夫がどんなに苦しんでいろいろ教育していったか、片鱗を分かってくださるんじゃないかと思ってるんですよ。

　実は東京に出てきて一九五〇年から五一年ごろ、寒川道夫に実際に会いたくて、私は田舎に住んでおりましたけれど、そこから何度か手紙を出しました。すると、寒川は今この『山芋』の発祥地である新潟に、大関松三郎の碑文を作るために奔走していました。だから私が代わりに書きますと、奥さんが丁寧に書いた葉書をくださいました。それから後、寒川道夫とはしょっちゅう会うようになりましたけどね。その時のことをよく話しました。

　国分一太郎のものもコピーされたものがたくさんありますんで、いつでも見ることができるんですけど、これは全くの原本で、おそらく日本中でこれをもっているのは、僕と後何人かしかいないと思います。ぜひ一度、生活綴り方の中にはこんなものがあると、ご覧頂きたいと思います。長いこと話をしました。失礼いたします。ありがとうございました。

■主な著書
『四年生の作文教育―年間計画とその実践』百合出版、一九七三年
『都市のこどもと生活綴方』百合出版、一九七七年
『二〇分でできる学校通信づくり』新評論、一九七八年
など多数。

【解　題】

井原　淑雅

乙部氏が常任理事として活躍した「日本作文の会」は、当初「日本綴方の会」として発足した（一九五〇）が、当用漢字表に「綴」の字がなかったため、すぐに「日本作文の会」に変更した。しかし乙部氏が師と仰ぐ国分一太郎氏は、子どもたちにひとまとまりの平易な文章を「つづらせる」ことは、子どもたちの思想や感情を人間らしく育てていくことと一致することであることから、「綴方」ではなく「作文」としたことを没年まで悔しがったようである。

また、国分一太郎氏の死後は「綴方理論研究会」を継承し、現在代表を務めている。そこでは、昔と今の文章作品を細かく読み合う中で、現代の子どもたちにみられる弱点を克服し、発達可能体としての子どもたちを伸ばしていくことを目的として、日本の生活綴り方の伝統や遺産と最近の新しい研究から多くのことを学びつつ、その理論的よりどころを、より深く、正しく確かめようとしている。

その他にも「国分一太郎「教育」と「文学」研究会」を全国組織として立ち上げ、二〇一一（平成二三）年には、国分一太郎生誕一〇〇周年を期して、国分一太郎氏ゆかりの地である山形県東根市長瀞小学校跡地の一画に記念碑「君ひとの子の師であれば」を建立する。その他にも都立大学、大東文化大学の講師も務めた。

最後に、乙部氏が師と仰いだ国分一太郎氏は、一九一一（明治四四）年山形県北村山郡生まれ、一九三〇（昭和五）年山形県師範学校を卒業、北村山郡長瀞村長瀞尋常小学校に赴任する。生活綴方運動の旗手であり、児童文学者、教育評論家、教育運動家として、また教育科学研究会・国語科部会や「日本作文の会」などで講師を務める傍ら、新日本文学会常任委員などでも活躍する。山形県北村山郡長瀞小学校時代に『がつご』、『もんぺ』、『もんぺの弟』などの文集を作る。著書は『鉄の町の少年』（新潮社、一九五四（昭和二九）年）、『教師』（岩波書店、一九五六（昭和三一）年）など多数ある。

二〇一一年七月三〇日

大槻　武治

伊那小における総合学習創設期の実践

【大槻《おおつき》武治《たけはる》氏　プロフィール】

一九三五年、長野県箕輪町出身。一九五五年、信州大学教育学部卒業後、教員としての生活を始める。一九七三年から一九七七年、信州大学附属長野小学校に在籍。一九七八年から一九八二年には、伊那小学校に在籍。一九九五年まで四〇年にわたり教育に携わる。退職後は、地元箕輪町の図書館長や教育長を歴任する。

＊

大槻武治氏には、伊那小学校における「総合学習」創設期の実践について、具体的なお話をして頂きました。

はじめに

私が長野県の伊那小学校に勤めたのは三十何年か前になります。記憶もだいぶ薄れましたけれども、伊那小学校で総合学習にのめりこんでいた子どもたちや先生たちの姿、それはまだ私の記憶に鮮やかにあります。今日はこういう席でそれを紹介することになったわけですけれど、ただ今、お話がありましたようにNHKで昭和五八年の三月に放映された伊那小学校の総合学習の番組をテープで改めて見てみました。そうしたら涙が出ました。涙の正体は懐かしさもありますけど、子どもたちの生き生きとした姿に自分自身が感動したということだったと思います。残念なことに画像がちょっと不鮮明になっております。放映された翌日にNHKのキャスターから、NHKでも近年にない視聴率の高さだったと電話がありました。その時にテープを一本差し上げると話があったんですけど、弟がテープを撮ってくれたからいいですと断ってしまいました。当時のことですので一本のテープにとりきれないので、二本に撮ってそれを私が後で友人に頼んで一本にしてもらったわけです。そうしましたら内容が重複していたり、消えていたりして、本当にまずいものになってしまったんですけど、これから、そのテープの一部分を見ながら、どういう気持ちで総合学習を実践したか、あるいは総合学習のめざしているものは何かお話ししたいと思いますので、よろしくお願いいたします。

《ビデオ》

大槻：「学習指導は教育ですけど、もう一回子どもに立ち返って、一体子どもにとって学習とは何であろうかと」

ナレーション：明治五年九月山深い伊那の里に一つの小学校が産声を上げた。必ず村に不学の人なからしめんことを。近代国家成立への悲願をこめて学制が発布されたちょうど一カ月後のことであった。筑摩県下第二六小学校、現在の伊那小学校である。アルプスに囲まれました長野県伊那の道のすがすがしい朝です。今、各地で教育の荒廃が叫ばれております。中学の教育現場はすさむ一方です。私たちのだれもが教育とは一体何であったのか、その原点を見失っているかのように見えます。そうした中でここ、伊那市立伊那小学校では、本来子どもを教え育てることとはどういうことなのかを改めて私たちに問いかける一つの試みが続いています。日本の条件三回目の今日はここ伊那小学校一年文組の子どもたちの紹介から始めることにいたします。

子どもたち：「おはよう　おはよう　先生におはよう　おはよう　おはよう　皆さんにおはよう　おはよう　おはよう　ポチくんにおはよう　おはよう　おはよう　きちんとおはよう」

ナレーション：一年文組。この教室には担任の大槻先生と四〇人の生徒たち、そしてクラス全員で飼っている子犬のポチがいる。文組の一日はすべてこの一匹の子犬を中心に進められていく。

大槻：「あのね、ポチを飼おうとしたの何月頃だったっけ?」

子どもたち：「九月」

ナレーション：伊那小学校では子どもたちが一番関心のあること、取り組んでみたいことをクラス全員で話し合って決めます。そして、その取り組みがそのまま授業になります。一年文組で犬を飼うことになりました。名前は多数決でポチと決まりました。これからは国語も算数も理科もみんなこのポチが主役になります。

大槻：「こういう葉っぱを拾ってきました。何の葉っぱですか?」

子ども：「はい、どんぐり」

大槻：「玄関の前で拾いました」

子ども：「はい、桜の木」

大槻：「そう、桜です。これは」

ナレーション：ポチと散歩しながらの落ち葉拾いは理科の勉強。それがポチの貼り絵の時間につながります。ここでは教科書や時間割に沿った授業はありません。ポチの作文は国語の勉強、ポチの歌は音楽の勉強というわけです。子どものころに芽生えた興味や活動を通じて、生き生きと展開する授業が流れておりますと、ほかの学校や学習塾で行われている一方的に外から知識を注ぎ込むだけの勉強が、子どもにとって本当の教育なのだろうかという疑問がわいてきます。

総合学習との出合い――信州大学附属小学校での実践

映像の最初のところで私は子どもにとって学習とは何か、そういう問いかけをしています。この問いかけが私の心の根底には常にあったと思います。私が総合学習に出合ったのは、先ほど紹介がありましたけれど、信州大学の附属長野小学校でした。私が赴任して最初に担任したのは四年生でした。学年には三学級ありまして、四年になるときに学級が再編成されていたわけです。一年から三年まで三学級のうちの一学級だけが総合学習をやっておりましたので、私が担任した子どもの三分の一が総合学習の経験者ということになります。

一学期が終わるころに気がついたことですけれども、低学年で総合学習を経験した子どもは概して元気がいい、何事にも前向きである、そういうことでした。それまで中学にいた私は低学年の総合学習を見ていると、何かただ遊んでいるように見えたわけですけれど、その現象を非常に不思議に思っておりました。担任した子どもが六年生になったときに学年の当初の職員会で校長先生のほうから、低学年での総合学習は高学年でもできないものか、そういう話がありました。そこで私は前々からひそかに計画していた、「信濃の国」という総合単元を実践したわけであります。「信濃の国」という歌は現在、長野県の県歌になっていますけれど、もともとは長野師範学校の附属小学校つまり、信州大学の附属小学校の校歌だったもので、現在も校歌です。歌の一番だけ紹介しますと、

「信濃の国は十州に　境連ぬる国にして　聳ゆる山はいや高く　流るる川はいや通し　松本伊那佐久善光寺
四つの平は肥沃の地　海こそなけれ物さわに　万ず足らわぬ事ぞなき」

こういう歌詞が六番まで続くわけです。その中には長野県の地理とか歴史、産業とか輩出した人物等々が登場します。この歌をもとにしまして、畳三枚ほどの大きさの立体模型地図を作ることになりました。ちょうど一年

間かかりました。たとえば、山というボタンを押しますと長野県の高山に全部赤ランプがつくとか、川のところを押すと主な川のランプが青くつくとか、いわゆるパノラマ地図です。このようにして、それを製作しながら長野県の地理、歴史、産業、人物と長野県の全てを六年生なりに勉強していったのでした。立体模型地図作製のためには、等高線の読み方とか、縮尺の仕方とか、乾電池と電気の配線の問題とか、さまざまなことにつきあたるわけですので、それを勉強してまいりました。学習した内容を教科にあてはめてみますと、国語・社会・算数・理科・音楽・図工といくつかの教科にわたっておりました。この活動が始まりますと、子どもたちは朝早くに登校してきて、あるいは放課後の時間を使ったりして、自主的に製作活動を展開しておりました。そういう中で私が学んだことは子どもは適当な場を設定してやれば、次から次へと課題を見出して、それを仲間と一緒に協力しながら吸収していくということでした。総合学習はこの実践をとおして、低学年だけではなくて高学年も中学生も高校生も必要なんだと思ったわけです。

伊那小学校での実践

私は信大の附属長野小学校から伊那市立の伊那小学校へ転勤になりました。当時の校長先生は後に映像で出てきますが、酒井源次という校長先生でした。この先生に伊那小学校では総合学習で県教委の研究指定を受けているとと。君には一学年の学年主任として総合学習を確かなものにしてほしいと言われたわけです。伊那小学校の伝統の中には子どもにとって学習とは何か、どういうことかというものがありましたけれども、それが明確なかたちで総合学習として定着していなかったというのが当時の実情だったと思います。

映像で見て頂いた一年生のポチの実践はどうやって始まったか、ちょっと子どもも語っていましたけれども、一学期の時にカエルの卵を採取してきて、孵化して、観察をしながらカエルになるまで追っていったわけですけど、そのカエルが死んでしまったり、夜のうちにどこかに飛散してしまったり、そういうことがあって結局一学期でカエルの勉強は終息したわけです。二学期になって何をしようかと子どもたちに相談しましたところ、圧倒的多数で「犬を飼いたい」ということになったわけです。犬は銘鶏園という店で購入したものでした。その購入の時の作文がありますが資料の九ページです。

「めいけいえんのドアをひいて入ると、おりのなかにいた犬たちが『ワンワン』とほえたてました。犬の入ったおりは三つあって、そのなかのなんびきかがないたのです。ぼくは、めいけいえんのおばさんに『犬のなきごえをやめさせてください』といいました。おばさんが手をパチパチとならすと、犬のなきごえがだんだんやんできました。どうやっておしえたのかな、とぼくはおもいました」

こうして犬を飼い始めたわけです。私のクラスの場合は、犬が総合学習の題材になったわけですけど、この題材はクラスによって違うわけです。しかし、子どもたちがやりたいことをただやらせるというだけでは、目的のない取り組みになってしまって、何の意味も価値も見出せないことがありがちです。そこで私たちは三つの原則を立てていました。レジュメの二番をご覧頂きたいと思います。

「一、それが本当に良いことであるか――心身がより望ましい方向へ変化していく要素が十分含まれているか　二、途中で投げ出さず、やりとおすことができるか――心を通い合わせながら自分たちで活動を組み立てて創造していけるものが含まれているか　三、そのことによって、子どもたちは『学力』を獲得しえるか――活動が発展するごとに新しい価値を得、意欲的な追究がさらに高まり広がっていく学習を成立させるものが含まれているか」

こんな観点で各学級で点検しながら題材を創り上げていきました。こうした検討を加えたうえで犬を飼うのですから、校長先生にも相談して許可を得て、犬を題材に取り上げポチのいる教室の総合単元が始まったわけです。

《ビデオ》

ナレーション：一一月、一年文組の子どもたちが空き瓶を抱えて登校している。ポチを中心に進められる文組の学習はまた新たな展開を見せ始めた。

大槻：「ポチを銘鶏園から買ったときに三〇〇〇円でしたね」

子どもたち：「はい」

大槻：「注射がいくらですか？」

子どもたち：「一五〇〇円」

ナレーション：ポチにかかったこれまでの費用を自分たちで作り出そうというのである。

大槻：「鑑札が？」

子どもたち：「二〇〇〇円」

大槻：「高校の人にいじめられて、けがをしたことがあったね」

子どもたち：「はい」

大槻：「お医者さんへ行ったら、三五〇〇円もかかりました。ポチのお金と注射のお金と鑑札のお金は先生が立て替えてあります。けがのお金は実はお医者さんにもうちょっと待って下さいとお願いしてまだ払ってありません。全部でいくらですか？」

子どもたち：「一万円」

大槻：「一万円だな」

（ポチが教室の中でおしっこをしている）

子ども：「（ポチが）おしっこ！」

子ども：「おしっこしてる」

（子どもが雑巾でポチのおしっこを拭き始める）

ナレーション：早速ポチ当番の登場である。食事や散歩などポチの世話一切に責任をもつ当番を子どもたちは毎日交代で務める。

大槻：「このお金を払うために、瓶集めをしたわけですね」

子どもたち：「はい」

大槻：「こんなに集まりました。いろんな瓶がある。これは？」

子どもたち：「一升瓶」

大槻：「これは？」

子どもたち：「ビールの瓶」

子ども：「先生、ビールの瓶、もう一つの言い方がある。ビール瓶」
大槻：「そうそう。たかひこくんの家ではお酒を作ってるね」
子ども：「ジュースも売ってる」
大槻：「ビールやジュースなんかも売ってるから、たかひこくんの家で瓶を買ってくれるそうです。それでね、ただこれをガチャガチャと一緒に持ってきたんではね、困るって。一リットル瓶は一リットル瓶でまとめて持ってきて下さい。これはこれでまとめて持ってきて下さい。これはこれ。はい、始め」
ナレーション：瓶集めという社会体験から瓶の種類、数の数え方、お金の計算と学習は進んでいく。みんなで決めたクラスの取り組みを通して国語、算数、社会などの各教科がめざしている学力を全て獲得している。総合的な学習の本当の狙いは学力だけではない。友達同士の連帯や責任感、一つのことをやりとおす意志の強さ、そして生き物への優しさなどを子どもたちの心の中に自然に育てていくことにある。
子どもたち：（瓶を並べて数えながら）「一、二、三、四……」
ナレーション：伊那小学校の総合学習は一年生の場合、全てのクラス、全ての授業がこの方式で進められている。三年生以上は教科学習と並行して、週六時間の総合学習が実施される。
大槻：「一リットル瓶が一本、読めるか？」
子どもたち：「三〇円」
大槻：「次が、一升瓶が一本、一リットル瓶より大きいけどな、大きいけど値段はね」
子どもたち：「一〇円！！！？？？？」
大槻：「はい、全部でもっていくらになるかわかるかな？」
子ども：「はい、五五円」
子ども：「六五円」
大槻：「ちょっとね数が大きいしね、ちょっとこの勉強は難しいね。ですから、先生がちょっと計算してみたいと思います。たぶん先生が思うのは、まだ足りないんじゃないかと思う」
子ども：「あーあ」

犬の飼育は、当然ですけど、お金がかかります。犬を飼うことに決まった段階で、飼育にかかる費用は自分たちで作り出すと決め、映像にありましたように、空き瓶集めが始まりました。子どもたちはあちこちの家を訪問し、空き瓶を集めてそれを造り酒屋のたかひこくんの家へ運んでお金と交換したわけです。その過程で今ありましたように、お金の勘定の勉強が行われ、その他にもリサイクルの勉強とか、他人に物を頂くときの言葉遣いや、敬語の勉強やその他たくさんの勉強をしました。このように一つのことを追究しようと思えば、さまざまな活動が絡まってくる、そういうものだと思います。そこに総合学習という名称の由来があると思うわけです。大人が行っている仕事のほとんどが総合的なものですね。映像には出てきませんでしたが、犬は飼うだけでなく、教育をしなくちゃいけない。訓練をしなくちゃいけないということに、子どもたちは最初から気がついておりました。

先ほどの作文に、銘鶏園のおばさんが手をパチパチと叩くと犬の鳴き声がだんだんやんできました。どうやって教えたのかな?と僕は思いましたという一節がありましたけど、これが新しい課題の萌芽といっていいんじゃないかと思います。そこで子どもたちは犬を飼っている家を訪ね歩くのですが、なかなか適当な解答が得られない。ところが、子どもたちが犬のことを聞いて歩いていることを犬猫病院の先生が知って私に電話をよこしました。湯沢先生という先生でしたけれど、私なら何かお手伝いができるかもしれないという電話でしたので、病院に行きまして先生に相談しながらテキストを作ったわけです。そのテキストは資料の一五ページから一部が載っていますけど、『日本一のポチに』という一五くらいにわたる資料でした。内容は犬の性質とか犬の訓練や病気等いろいろ書いてあります。文章の途中に質問形式で子どもへの問いかけがあるように工夫して記述しました。その問いに応えるためには文章を熟読することはもちろんですけど、改めてポチを観察し直すことが必要でした。

また文章の中には一年で覚えさせたい漢字を意図的にはさんでいきました。子どもにとっては必要に迫られて、熱心にやりましたし、書写もしました。読解力もついたんじゃないかと思います。またポチ当番によってポチ日記をつけて、毎日それを発表して話し合いをしましたので、作文力とか話し合いの力もついたんじゃないかと思います。年度末には子どもたちで「ポチかるた」というのを作ってその中で私が一年の配当漢字を全部入れました。こうやってかるたで遊びながら漢字の完全習得を図ったわけです。

これらは国語に関連した活動の一部を紹介しましたが、この後の映像に出てきますけれど、オペレッタの「三匹の子犬」を作ったり、落ち葉によってポチの貼り絵を作ったりさまざまな活動が展開しました。レジュメの三にあるとおり、内容は国語、社会、算数、理科、音楽、図工、体育すべてにわたっていました。総合学習を横断的な学習と文部科学省が言っていますが、それはさまざまな教科内容を寄せ集めるという意味ではなくて、一つの題材に載せて子どもの抱く課題を追究していけばさまざまな教科内容が自然に含まれていく、そういう意味だと思います。

《ビデオ》

ナレーション：小高い丘の上にある学校から同級生のたかひこくんの店までポチを先頭にした文組の行進は続く。

たかひこくんのお父さん：「今日はありがとうございます。一生懸命運んできて下さった瓶の中にこういう風に壊れた瓶があったので、これを買い取ることはできないので、抜かしますので。それがジュースの瓶が一本あったんです。」

ナレーション：たかひこくんの家は大きな造り酒屋。待ち受けていたお父さんを先生にさっそく授業が始められる。

たかひこくんのお父さん：「だから九三〇円ね。それからビール瓶が五本あったの。そうすると一一八本ね。そうするとこれが五九〇円ね。そうするとこれを皆足すとね二四一〇円になるのね。一〇〇円玉で二〇〇〇円ね。それから一〇円玉で四〇個。四〇〇円ね。それから五円で一〇円。」

ナレーション：自分たちの集めた瓶はいったいどこへ行ってしまうのか、子どもたちの質問に答えて、お父さんは皆を工場へ案内してくれた。空き瓶が再び商品として店先に並ぶ流通の仕組みを子どもたちはこうして学んでいく。

たかひこくんのお父さん：「全然休むことがないから、一時間に七〇〇本ぐらい洗えるの。それで一日詰めて

想でユニークな授業に取り組んでいます。

ナレーション：文組がポチを飼っているように、全校児童一五三七人、四一のクラスそれぞれが自分たちの発想でユニークな授業に取り組んでいます。

学年会の先生：「それで大槻先生の方からポチのところについての来週、再来週の計画について説明を最初にお願いしたいと思います。」

ナレーション：この総合学習の基本になっていますのは、週二回学年ごとに開かれる先生たちの研究会です。

大槻：「ポチにかかるお金ですけど、これはどうも失敗したところもあったりして。この勘定はできると。で、これは一〇になってるから一〇、二〇、三〇。それじゃあ、一リットル瓶が三〇円で二四本あれば、一体幾らかかってかなり抵抗あるね。なかなかね、時間かければ出来ないことはないと思ったんだけどね、ちょっと心配になって『先生が計算やるから』って。後で考えてみると一升瓶一〇円。一七本ある。一〇、二〇、三〇、四〇、五〇…ってやっていけばできるわけだよね。これは良いチャンスを逸してしまったなぁと後で反省したわけですけど。（落ち葉を使ったポチの貼り絵を子どもたちに作らせたときに）どうも子どもはすぐに作れないんじゃないかっていう予測を立てて、自分で見本を作ったんだよ。かわいいでしょ。そうしてね、作って後で全部見たらね、どの犬もたいていこっちを向いているんだね。こういう風に。これはしまったと。やっぱり見本を作ることについては十分配慮しないといけないと思いました。」

ナレーション：各クラスの取り組みの中から生まれた問題点や反省材料が一つ一つ検討され、話し合いが四時間、五時間と続くこともしばしばです。

大槻：「犬の足の裏についている、ゴムみたいなのあるね。あれに子どもがとっても興味もってるんでね、それがこの表現になってきてるんだけど。まぁ、この口の中にね。非常に面白いと。」

（チャイムの音）

子どもたち：「さようなら。ポチさようなら。」

ナレーション：伊那小学校がこうした教育に踏み切ったいきさつを語るには、昭和二一年終戦の翌年に遡らなければなりません。

戦後当時の映像：「三月五日マッカーサー元帥の招きにより、アメリカから教育使節団が来日しました。一行は三二年のアメリカ教育界の先駆者たち。敗戦後の日本の教育制度を立て直して教育の民主化を計るのがこの使命であります。」

ナレーション：アメリカ教育使節団は画一的な教育制度に繋がる従来の試験第一主義を改めるよう勧告。これを受けた文部省の新教育指針は「これからの教育は各人の個性を完成させることを第一の目標としなければならないと述べている。」ここに明治以来の日本の教育は大きく転換することになった。伊那小学校では何年にもわたる長い討議の末、それまで教師の側からの一方的な尺度で評価してきた通知表を廃止することになった。

大槻：「通知表をやめるという昭和三一年の非常に大きなきっかけになっているのが、当時低学年でやっていた総合学習のようなことでした。まだ体系化されていませんでしたが」

ナレーション：当時やってたわけですよね。二五、六年ごろから始めましたよね。

大槻：「つまり戦後の教育というのは教え込む教育から児童中心の教育と。児童の生活を大事にする教育というのに切り替わった。それが民主教育というもののなかに位置づけられたのでした。そういう風に考えたときに低学年の生活というのは遊びが中心となる。その遊びを没頭させ、そこに集中させることの中に、子どもがいろんなものを獲得していくわけだよね。そういうことを考えまして取り入れたのが当時伊那小における総合学習なんですよね。そういうことをやっていきますと、相対的評価で五〇人中どういう位置にいるかっていうのはですね、あまり問題にならなくなってくるんですよね。ですから、通知表をやめるという方向へ軸が動いていったんですね。」

ナレーション：昭和二〇年代の戦後教育の帰結ではあったんですね。

大槻：「そうですね。伊那小にとってはですね。」

伊那小学校の研究のあり方

こういう学級の活動をしていたのは、もちろん担任の努力ですけど、それを支えていたのはやっぱり学年会だったと思います。学年会は月曜と金曜の週二回やりました。そこで映像にありましたように、各学級の実践法、今後の計画などが検討されました。その学年会を支えていたのが学年主任たちによる推進委員会でした。また、全校授業研究会も時々行われました。全校授業研究会というのは、各学年の一学級が年に一度授業を公開しまして、それを全校の先生が参観して、その後で全職員で検討会をもつという研究会です。その折には指導主事の先生を始め、その筋の権威者などから指導を受けました。そうやったうえで、年度の終わりに公開授業研究会を開いて、全国の先生に授業を参観して頂いたわけです。

この公開授業研究会は私が伊那小学校に赴任した二年目から行われて、今年が三二回目になります。研究の進め方は三二年間基本的には変わっていないようです。第一回の公開授業研究会には北海道の先生から沖縄の先生まで約六五〇人においで頂きました。昨年度も同じ規模で。総合学習が教育課程に位置づいた時には一七〇〇人も集まって、生徒数も一五〇〇～一六〇〇人だったので、学校の中で動きがつかなかったという状態でした。

伊那小学校の先生方のそういう活動を支えていたものとして、忘れてはならないのが月二回行われていた読み合わせです。テキストには地元出身の評論家の唐木順三先生の書いた『朴の木』という本を使いました。ちょうど一昨年になりますけど、読み合わせのまとめの会があるから伊那小学校に出てこないかと誘われて行きましたところ、今もまだ『朴の木』の読み合わせをしておりました。この読み合わせが、やっぱり伊那小学校の先生たちの教育姿勢の共通基盤になっていたんじゃないか、そんなふうに思います。

私たちはそういう中で忙しい生活をしていたわけですけど、当時一緒だった先生に聞いてみると、忙しかったという先生の声を聞いたことがありません。毎日が充実していたとか、本格的な勉強ができたとかそういう声が大半です。私も同じでした。それはどうしてかと自問してみるわけですけど、やっぱり自分が自分の生活の主人公になっていたということではないかと思います。同様に子どもも自分が主人公になっていたんだと思う。主人公と主人公、そこに学習が成立する基盤があったんだと思います。

伊那小学校では「三ない」ということが行われていました。「三ない」とは、レジュメの五番にありますけど、

「通知表がない」、「時間割がない」、「チャイムが鳴らない」、この三つです。

「通知表がない」が始まったのは、今、ありましたように昭和三〇年ごろだったようですけど、私が赴任したころはそれが当然とされて異を唱える人が先生にも保護者にもありませんでした。その代わりに学期末に保護者と丁寧な懇談会がありまして、その子の状況とか指導のあり方等について詳細な打ち合わせをしました。資料の一番後の方に私の懇談の記録が載っておりますので、ちょっと恥ずかしい気もしますけど、ご覧頂きたいと思います。

「時間割がない」というのは固定的な時間割がないという意味です。子どもの実態に応じて担任は次の週の計画を立てて、金曜日の学年会で検討して、土曜日には家庭に次週の計画を印刷したものを配布しましたので、保護者は子どもが学校で何をしているかよく理解していたわけです。ですから、犬小屋を作るという計画があると、保護者の中に木材を学校に持ってきてくれる方がいた。そういうことがどの学級でも頻繁に行われていました。現在の状況が詳しくはわかりませんけど、当時の保護者は学校や先生を非常に信頼してくれていたと思います。ですから、先生もそれに応えなければならないという気持ちが強くて、教育に力を入れましたし、家庭との連携や連絡にも力を入れていました。すると子どももまた先生や学校を信頼するという良い循環があったなと思います。

チャイムがならないというのは、授業時間を区切るチャイムが鳴らないという意味です。子どもが夢中になって活動している最中にチャイムが鳴ると活動が中断されてしまう、そういう考え方に基づくもので、時間というものは子どもの外部にあるものではなくて子どもの内にあるもの、内部にあるものということです。ですから担任は子どもの状況を見ていてここで一休みするのがいいというときには休み時間になるわけです。何かに夢中になっている子どもは決して疲れを見せないものですね。しかし、活動が一段落すると急にそわそわと動き出します。そういう時が一休みして気分を新しくする時だと私は判断していました。

これらの「三つのない」のもとになっていたのは、子どもが自ら学び、自ら育てていくという考え方でした。それで伊那小学校では『内から育つ子ら』『自ら学ぶ』という本を信教出版から出しました。もう一つ明治図書からも『学ぶ力を育てる』という本を出しました。これについては後で触れたいと思います。

《ビデオ》

ナレーション：伊那小学校一年文組の子どもたちはオペレッタの練習を始めた。「三匹の子ぶた」を少し変えて、「三匹の子犬」というおとぎ話をみんなで創作。大槻先生の指導で子どもたちは踊りや歌も充分練習した。

子ども：「あ、紙が落ちてる！　僕はこれでおうちを作ろう。早く作って遊ぼうっと。」

ナレーション：冬休みの前日、体育館で発表会が開かれた。

子ども：「あ、僕のおうちが壊れる！　逃げろ！　逃げろ！」

ナレーション：三匹の子犬のお母さん役としてポチも特別出演に駆り出されている。

大槻：「しかし、受験という時代もあるわけですね。実際にはね。ところが、本来わんぱく坊主で案外ずぼらなところもあって、そういう子どもたちがいざという時に直面したときに猛然とやりだす、そういう様子を見たときに、一晩で学問を詰め込んでテストが終われば吐き出してしまうものというのは実にひ弱な学力を育てているということであって、そういう意味では思うわけですね。むしろ自分でバイタリティをもって、自分で開拓しようという意思を持ったそういう力というものを大事にしたいと思うんですね。」

オペレッタの「三匹の子犬」の一部を見て頂きました。私が最初に涙が出たと言ったのは、これを見たときでした。「三匹の子豚」という話がありますね。あれをもとにして、みんなで歌いながら話し合いながら、発表のかたちにしていったものです。伊那小学校は今見て頂きましたように千数百人の児童数がありましたけれど、ソロの子どもの声も講堂の隅々に響くような、そんな発表ができました。公開授業研究会の時にもこれを発表したわけですけど、そのときには不思議なことに舞台の上のポチも「ワン」って鳴いて子どもが喜んでいました。

学力観

当時は小学校でも中学校でも子どもの異常行動が目立ち始めた時期でした。ご覧頂いた通り番組タイトルは「日本の条件　教育　何が荒廃しているか」。ＮＨＫのスタッフは荒廃の主原因を詰め込み教育にあると考えていたようです。当時の先生たちを対象に文部科学省による調査によれば、子どもの三分の二が授業についていけない、そう答えていました。そういう状況の中で校内暴力とかいじめとか不登校が蔓延し始めていた時期でした。そういう状況を克服するために教育というものは根本から考え直さなければならない。子どもにとって学ぶということは一体どういうことか、それを見直してみなければならない。

そういう中で生まれたのが伊那小学校の総合学習でした。この問題に対する答えは自ら学び、内から育つことじゃないかと考えて、伊那小学校で全校で一丸になって実践をしたわけでした。文部科学省でもその方法を踏まえて、総合的な学習を新しい教育課程に位置づけたわけでした。それが平成一〇年だったと思います。ところが、その後この教育課程にゆとり教育という名前がつけられると、学力低下の原因であるかのように言いふらす人が出てきました。そして教育課程が再び見直されて今日に至っております。

ふり返ってみると、問題は学力とは何であるか、そのことがしっかりと検討されていなかった。そんなふうに反省しております。伊那小学校で考えていた学力というのはレジュメの六番にありますけれど、端的に言えば、

「学んだ力」と「学ぶ力」。この二つです。

「学んだ力」というのは、学んだことによって獲得した知識、理解、技能等。これが一般に考えられている学力です。一方の「学ぶ力」は自ら学ぶ力、自分で自分を教育する力、自己教育力。自分で課題を持ってそれをどうやって追究するか考えて、粘り強く追究して解決し、達成感を得る、そして自己価値観を高めて次の課題に立ち向かう力、それが「学ぶ力」です。これが明治図書から出した『学ぶ力』という本です。この「学ぶ力」を育てることが総合学習の一つの目的である。そう考えていたわけです。総合学習で育った力は教科学習の基盤となります。「学ぶ力」が育っている子どもは教科の学習にも積極的に体当たりできるんです。こうした獲得した「学ぶ力」と「学んだ力」の相乗が、学力というものの正体であると私たちは考えておりました。

先ほど説明しましたが、伊那小学校では一・二年では総合学習中心で、三年以上が総合学習と教科学習を並行して行われております。低学年で育った学ぶ力が教科学習の基盤となり得ている。そういう実態に立っているんです。伊那小学校の子どもたちが進学する伊那中学の校長を経験した先生に聞いた話ですけど、伊那小学校から来た子どもは一年二年三年と学年が上がるにつれてテストの成績が目覚ましく上がる。そういう話を聞きました。これは「学ぶ力」が育っているからだと思います。

私は昨年学力が世界一高いと言われているフィンランドで、七年間生活していた堀内都喜子さんという方の話を聞く機会がありました。また、フィンランドで中学生活を行った留学生の実川真由さんという方の手記を読みました。そこで思ったことは教育が知識に偏っていないこと、学校や先生が保護者に信頼されていること等々、伊那小学校の教育によく似ているなということを思いました。とりわけ自ら学ぶことを大事にしているところは、フィンランドと伊那小は似ているなと感じました。

このように総合学習の目的の一つは「学ぶ力」にあるわけですけど、もう一つは「友垣づくり」にありました。伊那小学校の校歌の中に出てくる言葉で他との絆をつくるという意味です。たとえば犬の飼育は一人ではできない。子ども同士、連携や協力が必要です。時には意見の対立や感情の対立がありますが、犬を育てるということでは共通していますから、お互いに妥協点を見出してそこに友垣、つまり絆が築かれます。犬と心を通わせることもこれも大事な友垣作りです。

子どもの中に生まれるさまざまな異常行動、暴力、いじめ、不登校などの根本原因は一つには孤独にあるんじゃないかと。他との心の絆を失ったときに、子どもは自分が自分たることの価値が見えなくなる。つまり、アイデンティティクライシスですね。そこから異常行動が発生するのではないかと思います。これは大人の場合も同じです。年間三万人を超えているという自殺者、世界でもかなり比率が高いようですけど、その視点でみる必要があるんじゃないかと思っています。そういう意味では、今回大震災で絆という言葉が盛んに叫ばれていますが、これは個人主義に傾斜してきた、戦後の日本人の生き方の転換の契機にしなくてはいけないと思っています。

おわりに

このように絆を大事にし他との接触を体得するのが、学校生活の中では総合学習が一番良い場であり、機会であると思います。伊那小学校と伊那市の教育委員会では一昨年ここ三〇年間の卒業生を対象にしまして、総合学習に対する大規模なアンケート調査を行いました。それによれば、学んだ総合学習は自分の生き方や進路に影響を与えたかという発問に対しまして、約七〇%が影響を受けた、ある程度影響を受けたと答えているわけです。また、総合学習を通して身についたと思われる能力という発問に対しましては、命を大切にするとか思いやりの心、やろうとする意欲、表現、発表する力、課題の追究力、自ら判断、解決する力、この順になっています。全体を通して、総合学習はまずかった、そういう反応はほとんどありませんでした。

また、伊那小学校の総合学習に取り組んでの感想という記述のアンケートもありましたが、その中から最後に二つ紹介したいと思います。一つは「幅広い人々、地域との関わりや対人関係を学べた第一歩だったように思う」、もう一つは「物事を追究しやり遂げる能力、解決力など今の自分の製品開発の仕事に役立っている。発想力、知恵があると、会社の方々から褒められる。これらは伊那小学校での総合学習のおかげと感じている」。こういう言葉が多く返っています。先ほども乙部先生から話がありましたけれど、新しいことを本気でやろうとするとリスクが付きものだと思います。私は伊那小学校の後、県の教育委員会の指導主事をしていたわけですが、校長会などに出席しますと「総合学習によって学力が低下するんじゃないか」そういう発言がありまして、私は非常につらい思いをしました。テレビに出た関係もあって、私が学力低下の張本人のような扱いを受けたこともありました。しかし、若い先生たちと一緒に、子どもにとって学ぶということはどういうことか真剣に追究し続けたことは、私には少しも悔いはありませんし、今こそ若い学生や現場の先生方がもう一度その声を発して頂きたいと願っております。

■主な著書

『不完全燃焼時代』東洋出版、一九九八年
『夜明け前の殺人―安政南山一揆の顚末』東洋出版、二〇〇〇年
『アイデンティティ・クライシス』東洋出版、二〇〇四年
『ぱかぱか生きる―夕焼けに心ときめく人生』岳風書房、二〇〇二年
『小さな独裁者』東京図書出版会、二〇〇五年
『鬼が見た！』東洋出版、二〇一二年
『信濃宮　宗良親王の霊』ほおずき書籍、二〇一三年
『―ある信州教育の回想―伊那の勘太郎』信州教育出版社、二〇一四年

『モンゴルの星―不登校からの脱出』ほおずき書籍、二〇一五年

【解　題】

真鍋　健太郎

総合学習における日本の先駆的な役割を担ってきた信州大学教育学部附属の長野小学校。そこで大槻武治は、「信濃の国」という総合単元を実践した。平成一二（二〇〇〇）年から実施された総合的な学習の時間より二〇年以上も前のことである。その頃から実践を続け、優れた実績を残した。

その後、長野県南部にある伊那小学校に活躍の場を移す。伊那小学校における総合学習の創成期に、研究主任として実践に取り組む。現在も続く公開授業研究会が始まったのもこのころであり、伊那小学校の総合学習の礎を築いた人物である。当時の実践の様子は、昭和五八（一九八三）年にNHKで「日本の条件　教育　子どもは警告する　伊那小学校からの提言」という番組となって放映された。

大槻武治の教育観を象徴する「未完の完結」という詩がある。教師は、「子どもはこうあるべき」と決めつけて子どもを見るのではなく、ありのままの姿を見つめることが必要である。それにより本来子どもが内に秘めている成長や育ちへの求めを発見することができる。この求めに応えていくのが教師であり、それが教育の営みだとしている。この教育観は伊那小学校の総合学習を支えるものとなる。

伊那小学校での勤務の後に指導主事、教育事務所の学校教育課長、小中学校の学校長を歴任する。退職後は地元箕輪町の図書館長や教育長を務め、信州の教育に大きな功績を残している。

乙部武志氏 × 大槻武治氏とフロアとの応答

フロア：乙部先生に質問ですが、若者たちにとって綴方教育というのは作文教育というふうにとってもいいのかもしれませんけれど、おそらく教師になろうとしている学生諸君から見ると何が問題で、どういうところで弾圧を受けたのかはっきり分からなかったような気がするんですが、その点についてもう少しお話しして頂ければと思います。それから、『魁新報』に「北方教育六〇年の系譜」という連載があったようですが、これは東北の方々は読んでいるからよくご存知だと思うんですけど、生活運動についてどのような反響があったのか。あるいはその反響に基づいて運動を進められていらっしゃる皆さんはどういうふうにお答えされているのか。言葉で言えても文で表せないことは非常に多いです。何もないものは言えませんけど、ある事柄は共有できるんですよ。その共有の仕方を身につけていないことが多うございますから、この『魁新報』に載った内容はたいへん大きな反響だと思いますが、どういうような反響だったか、これから書くことについてどういうふうに進めていったらいいかと考えているかお尋ねします。

乙部：お答えになるかわかりませんけど、敗戦前と敗戦後ということで、そこの第1頁目に豆腐屋のおやじ、成田忠久（一八九七―一九六〇）が始めた北方教育社に集まった人たちを書いたつもりなんですけど、今の質問があまり聞き取れなかったんですが、北方教育の一番の源の所と言いますか、発祥の地としてたびたびとりあげられている貧困につきましては、おっしゃるとおりに秋田だけではありません。東北一帯。今回震災が起こった後で東北学の研究している赤坂憲雄（一九五三―）氏、慶應の教授の小熊英二（一九六二―）氏、学生の山内明美（一九七六―）氏という方が書いている『東北再生』（イースト・プレス、二〇一一）の中に、明美さんが書いたもので「ケガツ」（「ケガツ」っていうのは方言で、全く貧困そのものであること）という題名を入れた論考があるんですね。そういうことでここでは僕たちがやっている国分一太郎の研究会とは別に、生活綴方運動というものの研究を進めているんです。

答えになるか分からないと言ったのは、とにかく一九二九年という世界恐慌というところで、いわゆる小学校の教師たちが声をあげなきゃならなかった、それはあまりにも子どもたちの貧困からくる生活ぶりが、目を覆うばかりであったということからそういうふうになったんですね。成田忠久さんにも戦後一度お会いしたことがあるんですが、もうその頃はあまりこの話はしませんで、平凡社で地理関係のものを書く仕事をしていたということがありましてね。特に今聞き取れなかったもので、質問の要点をもう一度お願いします。

フロア：生活綴方教育そのものは言葉としてはおそらく若い教師諸君にも分かると思うんですけど、内容はあまり聞いていないと思うんですね。それで、伺いたいのは何を書かせて、どういうところが弾圧を受けたのか、その裏側について教育に関わった先生方はどういう発言をして、それを跳ね返してきたのか、また跳ね返せなかったのか。

乙部：非常に根本的な問題に触れた質問でございます。一般的なことでいいますと、よく貧乏綴り方という言い方をされました。その貧乏綴り方の克服のために、一人の力ではだめなんだということで、生活綴り方の教師たちは先ほどお話ししました東井義雄さんにしましても、現在も長崎で障害児の教育をやっている近藤原理（一九三一―二〇一七）さんのお父さんの場合も、とにかく郵便でもって皆の実情を伝え合って、これは拠点的な長崎だけの問題ではない、秋田だけの問題ではないという共通理解を持って戦っていたということになります。

具体的な、どういう文章に対してどのような弾圧があったのかということになります。と、たとえば秋田の場合は「八重蔵、泣くなよ」。「あのきてき　たんぼにも　きこえるだろう。もう　あばが帰るよ。八重蔵、泣くなよ。」というようなですね。これは『綴方生活』に投稿された後でちょっと改編されたりはしているんですけど、そういうものだったんですね。それに対して一つは貧乏綴り方ということでもって、地域的に言いますと、自分の集落や村の恥を外へさらすなという反対の仕方です。

もう一つは、やがてこれが山形の場合だとかその他の地方で農民運動として決起するというような、農民組合その他の運動が起こっています。そういうふうなものが子どもたちを起点として、子どもたちに書かせているということで弾圧が始まっているんじゃないかと僕らは捉えています。やはりどこまでも民衆運動ということになりますから、子どもをだしにしてとか、子どもを巻き込んでなんていう気持ちは全くなく、生活綴方教師たちには、子どもたち一人ひとりをまっとうに育てていくために書かせていました。すなわち、貧乏をさらけ出しているということでの反対と、農民運動の元になっていることから弾圧が起こっていたという捉え方をしています。また、ちょうど一九二九年は世界恐慌があったりしましたから、そういった社会状況も影響していることは確かです。

*

フロア：大槻先生に質問です。総合学習について東京都の総合学習に真正面から取り組んでいる学校の話を聞くと、やはり手ごたえなり効果なりきちんと見えてる感じがするんですが、ほとんどの学校ではどうごまかすか、というような形で取り組まれていることが多いと思います。実際には教員たちが自分たちに総合学習の授業をすることができないというふうに感じているというのを私も強く感じています。出来ないと感じている教員たちが出来るようになるためにはどういうことが必要だとお考えなのかお話しいただければと思います。

大槻：非常に難しい質問で。私自身の体験をお話ししたいと思います。私は信州大学の附属小学校に行くまでは、中学におりましたので教科内容をとにかく追究させることを考えていました。今、考えてみるとそれも難しいことだけれど、総合学習よりも簡単なんですね。先生たちがやっぱり悩むのは総合学習は時間がかかるというか、準備に時間がかかることが一つの抵抗じゃないかなと思います。私自身がどうやって転換してきたかということですけど、教育に対する喜びというのは総合学習みたいな子どもが自分で動き出すそういう状態を作り出すことの方が非常に喜びが大きい。単なる伝達授業では、喜びは非常に低いものだという実感からきていると思います。だから、どうやったら転換できるかというのはなかなか難しい問題ですが、私、先ほど紹介した『学ぶ力を育てる』という本に詩を載せてあるんです。冒頭の所に。これは子どもたちが絵を描いている最中にふと頭に浮かんできた言葉を書きつけておいて後で詩の形にしたわけですけど、これが全てを語っているような気がしますので、恥ずかしいけれど紹介させて頂きます。「未完の完結」という詩です。実はこの詩は長野県では評判というか、知っている人が多くて、最近では教育委員会の広報にも乗ったりしているんですけど。

ああでなければならない　こうでなければならないと　いろいろな思いをめぐらして子どもを見るとき
子どもは　じつに不完全なものであり　鍛えて一人前にしなければならないもののようである　いろいろなとらわれを捨て　柔らかな心で子どもをよく見るとき　そのしぐさの一つ一つが実におもしろく　はじける命の証として目に映ってくる　「生きたい　生きたい」と言い　「伸びたい　伸びたい」と全身で言いながら子どもは今　未完の姿で完結している。

ですから、子どもはこうでなくちゃいけないと決めつけて子どもを見るのではなくて、ありのままの子どもの姿を見ることが大事。そうすると子どもから勉強したい、伸びたい、そして生きたい、そういう子どもの声が聞こえてくる。それに応えていくのが教育だと思うんですが、そこに喜びが生まれてくるんじゃないかと思います。やっぱり教育が喜びであると捉えていかないと、つらいばかりではだめじゃないかなと私は思います。

フロア：大槻先生にお伺いしたいのですが、子どもの音楽会でオペレッタで犬が出ていて、先生が子どものことをよく考えないといけないとおっしゃってましたけど、子ども子どもとおっしゃいますけど、三二年前あの頃一年生だったから、相当な年になりますね。四〇近くになってると思いますけど、今、どうなんでしょう？　かわいいというか、すごいとか、それだけで済まされるんでしょうか？　卒業後の今の様子について伺います。

大槻：現在の様子ですね。毎年、公開授業研究会をやっております。私が実は何度か講師に呼ばれまして指導もしているんですけど、ほぼ同じ状態で来ているんじゃないかと思います。特に研究推進の手順、あり方はほとんど同じでやってきております。

先ほど紹介しましたけれど、三〇年間の子どもの様子ですが、小学校で総合学習をやって中学へ行ったときに混乱しないかということが心配だったんです。そしたら三〇年間のアンケートで九五％の子どもは全然混乱がなかったと答えています。だから私それで安心したわけですけど、そういう状況だと思います。

司会：その子どもさんたち三〇半ばぐらいになってるんですよね。その教育の成果というのは。

大槻：特に目立って有名な人はいませんけど、それぞれの仕事について一生懸命やってると思います。

＊

フロア：子どもたちは今、インターネットとかでブログとかツイッターでつぶやくとかには慣れていて、書くとか表現するということには抵抗を感じていないけれども、作文に関して作文を書くとなるとなかなか筆が進まないということがあると思います。そこで作文でどういうことを書けばいいとか、どういう指導をすればいいとか、現代的な意義を教えて頂きたいと思います。

乙部：この文例が資料としてお手元にあると思いますが、今お話をされた中で子どもたちがインターネットや、我々世代の者から見たら新しい機器でどんどん情報を得ている。今デジタルに切り替えられたところで、アナログの人が右往左往しておりますが、端的に言って、僕らの場合は時計の針もアナログの方が全てが分かりやすいということがあるんですよ。でも数字がどんどん変わっていく、これもまた魅力があると思うんです。

僕も慣れないけれど、インターネットを使って検索するということをしております。そのために携帯用の小さな辞典を持っているとかより、はるかに凌駕するようなかたちでインターネットの方が役に立つと言えるんですね。子どもたちが社会科の調べなどでどんどんインターネットを使うことはちっともやめるべきではないわけで、どんどんやっていいと思うんです。ただ、たとえば今放射能の問題が騒がれている。自分のところにも福島と同じようなことが及んできているという状態の中で、今は何も感じてないのに、やはり放射能の恐れを感じ取って、というのは無理なことだと思うんです。たとえば福島の人間が群馬県に移住して、身近で言うなら気仙沼の高校が合併しなければチームを組めないからということは、被災地のどこでもあるわけです。僕なんかも例に出したんですけど、一つの類型化したことで何かがあると、やれ経営者が悪い、やれ地主が悪いというパターン化した思考しかできない子どもにしてしまったら、これは大変なことだと思うんですね。

私は世田谷に住んでおりますが、世田谷はそれこそ道が区画された整然とした街並みとは言い難いんです。世田谷に来たら迷路に入ったみたいになることがあります。しかし、それが東京の中では下町の浅草だとか実に整然となっていますよね。そういう違いがはっきりある。そういう自分たちの様子を全然考えないで、ただ隅田川を見たときに、隅田川が汚れているのは周りの小さな工場のやり方が悪いんだと、そこに刃先を向けるようなことばかりしていても何にもならないわけですね。だからよくいうことは、確かに川が汚れている。それは調べて書けばいいじゃないか。しかし、あなたのところは今度大きいマンションが建った。そのマンションの前の道に実は工事の途中でゴミができた。そこに雨が降り水がたまると蚊が発生するという事実がある。だから、あなたのところは川と全然関係がないところで蚊が発生しているというのがある。そこに目をつけたかという指導によって、最も自分に身近なところでどんなことが起こっているか。そういうことがわかる。

ここに書きました、生の自然、生の社会、そこに目が向いているか。インターネットが生じゃないと言うつもりはありませんが、子どもたちの目線、視野の範囲、目の高さにおいて捉えたものと、ただ単にテレビの画面から出てくるものとではかなり違うだろうと思います。やはり、テレビの画面と対話するのではなく、現実のものと対話するところに子どもたちの文章が出てくる。古いことを言いますと、戦前の教師たちは家に帰っても机は何もない、みかん箱あるいは畳なんかもないから、ムシロに座って作業をやっている。そういう中で子どもたちはどんな勉強をしているだろうかということに目をつけていったら、だんだん子どもの現在の様子が分かってきて、ここまでしか書けない理由が生活から分かってくる。

だからたとえば「雨は雨なんて　風は風なんて　いつばん先にだれつけたんべな」って山形の子が書いている。これは昭和七・八年。この子の家は非常に貧しく、とうとう南米ブラジルに移住しなければならなくなった。この子はブラジルに行っても前の担任に手紙を送っていた。手紙ではそこの身の回りの現実を見てということをちゃんと頭に入れていて、今ブラジルで開墾に非常に苦労していることを伝えてくれたという報告があります。ですから、書かせる題材というのが教科書にあるようなものではなく、自分たちが本当にそれに目をつけたものを書かせなければだめだと思います。

今日、実は後で言い足りないことを言う機会に言おうと思ったんですけど、綴方作文を万能と思ってはいけないわけですよね。それですべてができるというんで、一時期生活綴方的教育方法をやってさえいれば、子どもたちは健やかに伸びていくんだという幻想みたいなものがありました。やっぱり科学等に目を向ける子どもにしないといけないんだということから言えば、綴り方の教育の中にも限界があるんだということを認識しなきゃいけない。そのことを付け加えたかったんです。それこそ、今の子どもたちが学校で文章を書かせられないということがネックになっている。書くとすればほとんど明治期の教え方というのが多いという、いわば大人のいい文章、だから文章例がみんな大人のもの。そして子どもたちは真似して書くことによってだんだん向上してくる。まぁ、一理あるでしょうけれど、しかしどう考えても「花見に誘う文章」ということで「一瓢（瓢箪）携えて墨堤に遊ぶ　また楽しからずや」というんで、子どもたちがお酒の瓶を持って隅田川へ行くなんてことを平気で子どもたちに書かせる。それはそれで全然役に立たないというわけではないけれど、それよりはもっと身近なことで書かせた方がいいんじゃないか、ということですね。明治初期には「範文模倣期」と呼ばれていました。

我々がめざしているのはあくまでも生の自然、生の社会の生の事物、それから学んでいく。だから、節電騒ぎで電気釜が使えなくなって、どうしてもその他のものを使わなきゃいけない。まさにプラグをコンセントにさせば、すべて炊けるものだと思ったらそうじゃない。ある子が田舎へ行ったら竈で炊いている。あれ、コードどこにあるの？　みたいな、こんなものはどうせ作り話に近いものですが、それを全く作り話と言えない部分もあるんだということです。

司会：乙部先生、戦後ずっと教員として歩いてこられて、その間の子どもたちの変化、文章を書くということについて、変化があったのかなかったのか、どんなふうにお感じになったでしょう。

乙部：我田引水というか、きちんと子どもたちに文章作法というものを教えれば、必ず子どもたちも向上したと思うんです。生活綴方運動というものは文章作法というものを全く無視したような教え方である、あるいはそういう研究であると捉えた人たちがたくさんいるわけですけど、一つのこの段階が過ぎたら、この段階というふうにシステマチックにやっていっても、文章力は決して伸びるものではない。天才的なものを持っている子はほっといても大丈夫でしょうけれどね。

簡単に言うと墨田区緑小学校児童の浅間山の火山灰にまつわる話題があります。この子のご両親は高学歴ということですが、綴り方を指導する教師が担任するまでは、特別な文章は書かなかったっていうんですよ。この文章のどこがどのように変わっているのかというと、浅間山の火山のニュースを聞いて、自分で実際にベランダに出て触ってみてるんですよね。触ってみることによってこれは火山灰に間違いないという確信を得て書いたということなんです。指導しないと子どもたちは書かないし、書けないということになると思いますね。そういう意味で言うと、一面的な捉え方じゃなくて多面的に捉えていくためにも、やはり文章を書かせなきゃいけない。各々非常に個性的に画一的な表現をさせていない、この教師は優れていると僕は考えています。

＊

フロア：理科教育を研究している者ですが、大槻先生の総合学習のお話、非常によくわかって価値がわかったんですけど、私は教科教育をやっていますから、その立場で考えてみますと、一つ総合学習という学習がなかなか学校に定着しないということの中に、教員の問題もあると思うんですね。先生がおやりになったように、現場の教師が現場の子どもたちを見ながら、またその地域の事物を題材にして学習を組んでいくということになると、地方が違えばやってる中身も違う。場所が変われば取り扱うものも違う。こういうカリキュラム上の多様性が出てきますよね。ところが教師はみんな真面目ですので、ある種到達点が明確にならないとなかなかのめり込めない。決められた年限小学校なら六年間、六年間の中でここまでという見通しがなかなか立てられないということになるので、教師たちが生活科が教科書を作らないという時に、現場の教師から教科書つくってくれという声があがります。そうして教科書ないとだめだという声があがって今の教科書が出来たといういきさつがあります。

戦前の自然の観察の場合は、それまでの私的ないろんな教員たちの研究や実践蓄積があって、それが基になって行われたのですが、今回また様変わりしまして、系統学習となりました。総合的な学習の方をセーブしながら今度は学力をつけるという方向に大きく変わろうとしているわけですね。私、現場にいては根本的な解決にならないで、表面的なところだけいじってるという感じがします。生活科の時は落ちこぼれ、詰め込み教育に対するっていうんで総合学習、生活科。それでうまくいかないとなると今度は教科教育に力を入れて時間数を増やす、教科書が厚くなる。つまり根本的な所になかなかメスが入らずに表面的な手法だけをいじる。教師が自分の目の前の子どもたちが住んでいる地域に根ざした教材を、探して取り組むという学習ができにくくて、全国画一化した教科書を基にした生活科になっているんです。どこかの学校をモデルにした総合学習になったりというふうにうまくいかないし、成果もあがらないわけです。

先生がおやりになって決められた年限の中で、ある程度のレベルに到達させなきゃいけないという縛りがありますね。教科学習、教育課程の中での総合学習または生活科と教科学習との関係を、我々はどう考えたらいいのかお教え頂けるとありがたいです。

大槻：学習内容は到達目標があるわけですね。そこに到達できるかどうかというのは大きな問題だと思います。毎週二度の学年会で検討する内容として、一年生の指導要領の内容と結び付けて、どのように内容の到達を図っていくかということが一つの課題でした。三年生以上については、総合学習と同時に教科の学習をやっておりますので、教科の学習の中ではそれぞれの到達に向かって推進しているわけです。

お話の中で大事だと思うことは、いかにして到達するかという問題ですが、外から注入する形で学習内容に到達するのか、自分から求めてその学習内容に到達するのか、そこが大きな分かれ目じゃないかと思います。結局、外から注入するのではなくて子どもが自ら求めて指導要領に求められている学習内容に到達していく、その過程に学ぶ力が働いて学んだ力が獲得されていくという、それが本当の学力の姿じゃないかと思います。

結局、学力の本質が問われないできて、何かのテストの成績が学力であると一般的には思われているわけですけど、その考え方を変えていかない限りは総合学習の力は理解できないんじゃないかと思います。

＊

フロア：乙部先生への質問をさせて頂きます。今日は非常にいい取り合わせだと思いました。大槻先生も教科外の教育を語られて、実は教科をどうするかという教育の本質的な話になっております。乙部先生も綴り方という授業は基本的にはないわけですね。ところが綴り方を通して子どもの本質的な学習をさせたり、教育をしたりという話ですので、非常に興味深く伺ったしだいです。

綴方教育の一つの目標は主体的な学習ということであって、本を読むという受け身の学習ではなくて、綴り方の学習というのは本を作る。自分の力で学習した中身を自分のものにしていく、自分からつかみ取っていくという教育であると聞きました。何を綴らせるかということが非常に大事なんじゃないかと思います。それは戦前では自分の生活を見つめる、自分の貧困の原因も見つめる。「やまびこ学校」もそうですよね。何を綴らせるかという問題、系統的な指導という意味で言えばどう綴らせるか。それともう一つ、教科の中身と結びつけながら考えていけばいいのか、その辺が私たち教師としては非常に関心があるので、教えて頂ければと思います。

乙部：歴史的に言いますと、生活綴方教師といわれる人たちが実際に出てきたというのは、先ほど僕は一九二九年の辺りからだと申し上げましたが、実は教育を専攻している人たちならば、いわゆる「学制」（一八七二年に制定された日本最初の近代学校教育制度に関する基本法令）でもってそこを切り口にして入っていくということも考えなければいけないんじゃないかと思うんです。学習指導要領に相当するものが一九四五年前のところでは教授細目という名前で文部省から出されていたわけです。ところが、通信簿のところに実際にあった項目というのが、伝統的に子どもたちが学習する内容を「読み書き算」と盛んにいわれた時代ですから、当時の通信簿には「国語」という呼び名はなく「読み方」でした。その次に今度は「書き方」があるわけです。この二つとも教科書があるんですよ。「読み方」は説く本というかたちで、「書き方」も習字として書き方のお手本があった。それも国定の教科書だった。ところがもう一つ評価項目として「綴り方」というのがちゃんと明記されていたんですね。これはいわゆる教科書がないんです。そういう中で、教科書に縛られないで子どもたちに力をつけていくということでは「綴り方」があるんじゃないかということから、綴方運動が起こったという一面があるんです。ですから、今ご質問の教科というものと、教科外というものを分けて考えるということがあるんですが、教科のところと教科外のところを、我々は綴り方のところで結びつけて考えてきたという歴史があります。ただし、このところで誤解を招いてはいけないのは、教科外といったときに、完全に子どもたちが教科としてあるところから教科から離れてカリキュラムを組んではいるけれど、必ずしもそうはいえないということがあります。

実は中身を明かしますと、僕と10年間ぐらい同じ学校で一緒に勤めた教師が早死しちゃったということがあって、彼の研究の後を受けていろいろやっているとこなんです。この教師が実は文学も文章表現もなかなか巧みな人なんですが、どちらかといったら科学的な思考に長じた人だったんですね。これがいいのか悪いのか、僕の関係から「日本作文の会」の人が僕ら二人の学校にしょっちゅうみえてたということがあるんです。そのたびに亡くなった教師もどうしても綴り方をやらざるを得なくなった。もともとそういう素養があった人ではあるけれど、それでやっぱり新しい分野を切り開いていくために、自分が志向している科学分野の一分野で何をやったかといいますと、夏休みを返上して校舎の裏側にビオトープを作ったことがあります。

杉並区に学校があったんですけど、周りに屋敷があったり、大きなグラウンドがあったりして、他の地域に比べたら自然がないなんていえない地域でしたね。それはすべて子どもたちに生のものを見せたい。しかし、生の自然といえない部分は人工的に我々がビオトープを作ったということですね。しかし、そこに集まってくる虫やその他生物は自然であろうが、人工的に作ったビオトープであろうが、同じ種類のものです。この教師が常に言ってた、まかぬ種は生えぬということを中心にして、低学年理科との提携を中心にやってたわけなんです。

ですから教科外というふうにくくってしまうのは、あるいはちょっとと思う点もあるんですけど、考え方として教科としてやらない部分のところを、綴り方の教育によって充実させていくという考え方があったことは確かです。これからさらに彼が残した足跡を検証しながら、僕が自分のもので単行本になっていないものを作りましたけど、彼が当時非常にワープロが得意で、ワープロに残していたものがいっぱいあるので、やがてそれをかたちにしたいなと考えている最中です。以上です。

＊

司会：これからお二人の先生方に最後のまとめをして頂くことになりますが、教師が教育上の実践力を身につけるにはどんなことが必要なんだろうか、それからこれから教壇に立つ若い教師、今教壇に立っている若い教師に期待すること伝えたいことは何か、その二点を含んで頂きながら、お一人五分ぐらいでファイナルコメントをお願い致します。

大槻：結局、教育は教師の生き方の問題があるというのが、私の実感でありますけれど、その生き方を支えているのは教師集団で、私は伊那小で教師集団に学んだことは、何かを組織で一致してやろうとするときには三つの要素が必要だと思います。一つは学校運営の観点で校長先生が中心になるわけですけど、先生たちを支えて頂く。次に、教育推進の核の組織ができること。もう一つは良き指導者に恵まれること。伊那小の場合は名古屋大学の三枝孝弘先生とか元週刊朝日の編集長をやっていた小松恒夫先生とか、良き指導者に恵まれていたなと思います。

もう一つは校内だけで何かをしようとしてもなかなかうまくいかないと思います。学校同士の連携が大事だと思うわけですが、総合学習の長野県全体の会を作りまして、一四年間『のびる』という雑誌を発行し続けました。信州の子ども雑誌となっていますけど、内容的には各学校で行われている総合学習の記録です。これを基に、長野県全体でそういう志向を持った先生方が力を合わせて開拓してきたという事実があったと思います。

今、乙部先生からの話を聞きながら思ったことですけど、私は作文についていろいろ考えたことがあるんですが、やっぱり子どもに感動的な生活をさせないといい作文は生まれないなと思います。子どもの感動をどう開拓していくか、そのことが作文に限らず全ての学習の基になるのではないかと思っているわけです。

総合学習といってもいろいろあるなと思います。たとえば世界で一番先に始めたのが、一八世紀にペスタロッチが行った生活教育ですね。生活教育と教科教育。二重学校といいますけど。そのペスタロッチの言葉にこういう言葉があります。

「昔は百姓にとっては家畜小屋や蚕の市や木や畑が本当の学校だった。そして彼のいくところ立ち止まるところ、至るところにたくさんのすべきこと学ぶべきことがあって、いわば学校なんかなくても立派な人間になれた。そのような教育を経験できなくなった現代の子どもたちに、その両親からは受けられなくなっているが、しかし絶対に欠くべからざるものを両親に代わって与えるような施設を作らなければならない」。

こうして生活教育が始まったわけですね。これが総合学習の走りだと言われています。日本はどうかということを考えてみたわけですけど、法隆寺の宮大工の棟梁に西岡常一という方が薬師寺の金堂を立てているときに一度会ったことがあります。その時に直接話を聞いたんですけど、話を聞いてなるほどなと思ったんです。それは私どもの考えている教育とぴったり一致すると思います。記録を取っておきましたので、紹介します。

「今の学校教育は丸暗記でっしゃろ。それで物覚えのいい人がいいということになっとるようだが、それでは教育は駄目やわ。丸暗記には根がありませんのや。根がしっかりしなくては木が育ちませんのや。それより、なぜと考える人を育てる方が大工としてはいいんです。なぜと考えながら努力して自分で根を張っていくのですわ。根さえしっかりしていればそこが岩山だろうが、風の強いところだろうが、やっていけますわ」。

今の子どもたち、先生たちも入るかもしれませんけど、岩山であろうと風の強いところであろうと、そこで立ち上がっていく力はこれはこういう教育の中で生まれてくるんじゃないかなと私は確信しております。

乙部：教師はまず愚直でなければいけない。このことは古いことだとか、言い古されたことだとか、そういうことで葬り去ってはいけない。僕は愚直を実行したいということから、常日頃こうやってファイリングしたものを持ち歩くんですけど、そういう中にこの新しい憲法の話を忘れずに入れておきます。この中でも愚直の代表でまったく使い物にならないということになるかもしれませんけれども、この絵説きが大好きでね。すなわち、戦争放棄という名前のあるつぼの中に兵器が皆投げ込まれて、そこから我々が非常に大事に扱っているものが生み出されていくという、これを見るたびに気が引き締まっていく、その愚直さが欲しいと考えます。

二つ目はこの愚直さにさらに自分で確かな根を持っていかなければいけない。そんなことからいうと、教科書検定の時にいろいろな証人が出て、家永裁判ですね。それで証言したことがあるんですが、僕の仲間がこの詩を一つ例に引いて皆さんに訴えたことがあるんです。すなわち、文部省は、春の小川はさらさら流れる、その川の音というのはさらさらだと絶対譲らない。

先ほど申し上げた兵庫の教育研究所で講演をしたときに、絶対にこのことを忘れちゃいけないというので、安田明君という丹波の子どもの詩ですが「川　さらさる　ぴるぷるどぶる　どぼーんばちゃーん　川はいろんなことをしゃべりながら」といって、自分の耳で聞いた川の音をずーっと二十何行かにわたって書いているんですよね。さぁ、春の小川はサラサラ流れるのと、安田君が書いたものと、どっちが子どもの真実を表しているんでしょう。なんだか音が流れるようだ、「顔を横にすれば　どぶんどぶん　荒い音　前を向けば小さな音だ　さらさる　ぴるぷる」。愚直でなければいけない。

もう一つ教師に望むとしたら、身銭を切って勉強しなきゃいけない。身銭を切って研究会に参加しなきゃいけない。私事になりますからお許し頂きたいんですけど、実は早稲田でお世話になりました二番目の子が去年急死をしました。今年の一周忌に同僚たちからいろいろ文章を頂きました。そういう中でうちの子から聞いたことは、川口義一（一九四九—）先生がサンジェストペディアの組織で勉強していることを学生たちに伝えるということで、年に二、三回おじゃまをしていたというのがあります。そこでこの教師について教師として成長していくにはと聞かれたときに、身銭を切って参加すると良いとアドバイスをされたそうです。学校から費用が出るからといって、それで参加するとつい自分の金じゃないから、途中で居眠りしたりするからということが書かれています。私が特別に取りたてて息子に話したわけじゃないですけど、僕の性格がまさに身銭を切ってあちこち飛び回っていたということを、幼いながらも承知していたんじゃないかと思います。やっぱり教師が研鑽しない、教師が勉強しないということだったら、絶対にその子どもたちは望むような勉強をしてくれない、励んでくれないと考えます。愚直であって、今みたいに身銭を切って、きれいごとに聞こえるかもしれませんけれど、そういう人間がいてもいいんじゃないかと考えます。

二〇一二年一二月二二日

板倉　聖宣

実践力ある教師の育成―仮説実験授業の「授業書」の考え方―

【板倉聖宣《いたくらきよのぶ》氏　プロフィール】

一九三〇年、東京都台東区上野に医療機器製造の職人の子として生まれる。一九五三年、東京大学教養学部教養学科（科学史科学哲学分科）卒業。一九五八年、物理学の歴史の研究により理学博士となる。一九五九年、国立教育研究所（現・国立教育政策研究所）に勤務。一九七三年、数学者の遠山啓氏らとともに、月刊『ひと』（太郎次郎社）を創刊。一九八三年、月刊誌『たのしい授業』を創刊し、二〇一八年まで編集代表を務める。一九九五年、国立教育研究所を定年退職（名誉所員）した後、東京高田馬場に「私立板倉研究室」を設立。二〇一〇年、『増補・日本理科教育史』で「パピルス賞」を受賞。二〇一三年から二〇一六年、科学史学会会長。二〇一八年二月、逝去（八七歳）。

＊

板倉先生は、一九六三年、科学教育の改革のために「仮説実験授業」を提唱し、月刊『たのしい授業』を創刊されました。先生の著書には、自然・科学、科学的な教育に関するものが多数ございます。「仮説実験授業の〈授業書〉の考え方」という演題でご講演頂きました。

はじめに——科学史の実験をも担う〈教育〉

私は東大に入ってしばらく早稲田に通ったことがあります。東京都学生自治会連合会という全学連の下部組織があって、私はその常任執行委員をやっていたのですが、その事務局が早稲田にあったのです。私の選出母体である東大教養学部に行くよりもちょっと近いのです。それで数ヶ月間ここに通っておりました。

私は科学の歴史の専門家ですが、科学の歴史よりは数学が好き、というより数学しか好きではなくて、本で知った小倉金之助（一八八五—一九六二）さんが私の先生です。小倉金之助さんの数学史を受け継ぎましたが、私は教育のことにも初めから関心がありました。科学史が専門で教育はその応用分野であり立証分野という関係です。ですから教育分野は初めから私の専門とも言えます。

東大に戦後初めて、そう日本では初めての科学史・科学哲学のコースができました。当時は世の中に科学史の研究者はいましたが、大学で科学史の研究を専門にやるのは私しかおらず、「他のことが専門で、科学史も一緒にやる」という人が大半でした。科学史を初めから専門にする学部ができたということで私は期待して入ったのですが、先生には専門家がいません。科学史を私より知っている人がいないのです。呆れてしまいました。だから、私は東大に対して批判的です。

科学史という学問もまた不思議な学問です。物理学とか化学とかだったらそれぞれの分野だけ、教育だったら教育だけを研究する。それだけをやればいいでしょう。でも科学史というのは「科学者がこういう研究をした、ガリレオはこう考えた、ニュートンはこう開発した」という話が本当か嘘か……ということを解き明かしていかなくてはならない。物理だったら実験して証明すればいいですよね。しかし科学の歴史は下手をすると多数決が真理になってしまいます。声が大きいほうが勝ちなのです。外国につらなった方が勝ち、と。そういう学問はおかしいでしょう。科学史の真理を確立するためにも〈教育〉をやらないといけないのです。

「ガリレオはこう考えた」というのは、人間一般が考えたのではないですね。ところが教育だったら、「ガリレオではなくても、おおよそ人間というのは少なくともこういう考え方ができる」ということが問題になります。ですから、教育の中のある条件のもとで「ガリレオの考え方と同じような考え方」を子どもができれば、「ガリレオがそう考えたという可能性」が認められるわけです。もちろんガリレオと違う考え方があっていいわけですし、実際にはたくさんの可能性があります。だから私自身は科学史と教育が専門で、初めからこの二つを合体してやっていました。

「問題解決」の先駆者――澤柳政太郎、前島密、濱口梧陵《ごりょう》

私の『日本理科教育史』（増補版、仮説社）という本があります。この本では各科教育の歴史もとりあげていますが、理科教育史が日本の教育史の中心です。一番データが豊富です。そこにも書いてあるのですが、理科教育は「教科書を使ったらダメだ」という考え方や「教科書は悪だ」という考えが一方にあって、文部省が教科書の使用を一時禁止しました。ですがまたすぐに復活した。生活科もはじめは「教科書を使ってはダメだ」という考え方がありましたが、やっぱり復活しました。理科教育の歴史ではそういうことは非常に豊富に見られます。日本の教育史の中で一番えらい仕事をしたのは、成城小学校を創った澤柳政太郎《まさたろう》（一八六五―一九二七）です。この人は官僚で文部次官までやりましたが、官僚的だと言われ教育学者としては排斥されました。しかし唯一まじめに教育学をやったのは澤柳政太郎だけです。この人と比肩できる人は他にはいません。

彼は文部次官だった時に、日本の小学校教育を完成させることに力を注ぎましたし、そして責任を取りました。東大の哲学科の出身ですが、彼は文部次官になる前まで東北帝国大学の総長でして、その後京都帝国大学の総長になり、かなり手荒いことをしました。

京都大学の七人の教授に「あなたたち辞めなさい。はっきり言って無用だ。若い時は仕事をやったかもしれないけれど最近はほとんど仕事をしないじゃないですか」と言って依願退職書を教授らに渡した。そうして実際退職した人が出ました。法学部の教授会としては「大学の自治に対する干渉だ」と言うわけです。それで澤柳さんは総長を辞めざるを得なくなりました。この歴史は日本の教育史にとっては重要な問題になっています。

日本の教育史からすると文部省の官僚が日本の教育を悪くするというのは嘘ですよ。官僚の方がまじめにやっています。この澤柳さんは「小学校の先生がどうやって教えるか」を考え、いろんなことをやったんです。

日本の教育は明治の初めから本格的に始まって、明治の末には一〇〇%近い就学率を達成しました。それまで学校に来る子どもたちは恵まれた子どもたちです。しかし今度はあらゆる子どもたちに教育を受けさすわけですから、いろいろな問題が出てきます。そこには「官僚は関わらない方がいい」という考え方ができていませんでした。

その澤柳より一世代前の人で前島密《ひそか》（一八三五―一九一九）という人も、先見の明がある人でした。この人は早稲田大学になる前の東京専門学校（旧制）の校長なんです。社会科をやっている人は大概知っていますが、もともと郵政の創始者です。この人は明治マイナス二年（明治になる二年前）、歴史がわかりやすくなるのでここではこう言いますが、前島密は明治維新の最中に「漢字廃止論（漢字御廃止之議）」を出します。「漢字廃止論」を出したのは、幕末時の江戸時代です。一四代将軍が亡くなってこっそり埋葬して、その次の将軍になったのが徳川慶喜。彼が将軍になった直後に前島密は「漢字廃止論」を出しました。

前島密という人は漢字が大嫌いだからとか、いろんな考え方がありますが、実は漢字は大好きでした。漢詩がたくさん書けます。もともと豪農の息子で武士ではない。幕末の時に走り回って、幕臣の養子になって前島姓になりました。そして明治マイナス二年に「漢字廃止論」を将軍に具申しました。なぜか。

日本の理科教育学にとって一番問題なのは、言葉の問題です。やたら言葉が難しいのです。それならば、と外国の枠組みを当てました。「そうすれば教育の問題が全部解決する」ということで出したわけです。前島の「漢字廃止論」は思いつきかなと思いましたが、そうではないのです。

今年、私は漢字の「授業書」を作りました。自然科学の「授業書」を作るだけじゃなくて私自身が問題だと思ったあらゆるものを「授業書」にします。いろいろな問題・課題があるでしょ。前島密の時代も、その時々の課題があります。「問題解決学習」（ジョン・デューイの学習理論）というのが戦後の社会科の謳い文句でしたが、そういうことを真面目にやったのが、明治期の先見の明がある前島密でした。

前島さんはヨーロッパに行こうとして何回か失敗したけれど、明治になってから一回だけヨーロッパに行きました。帰ってきてすぐに、ヤマサ醤油の濱口梧陵《ごりょう》（一八二〇—一八八五）と知り合います。

この濱口梧陵は江戸時代に和歌山の豪農で豪商でもあって、家を継いで「ヤマサ醤油」を作った人です。安政南海地震（一八五四）で、彼は大津波が来ることを予期しました。周りはみんな農家ですから昼間は仕事をしています。しかし彼はみんなに避難することを知らせたい。早く知らせる方法として、ちょうど秋でしたから、収穫された稲束に火をつけるのです。そういう形で村民を救いました。これはラフカディオ・ハーン（小泉八雲）が小説にしています。それが私たちの小学校の頃の教科書『小学国語読本』に「稲むらの火」として載っていました。

尋常小学校の時は、「教科書を読むと日本国民の常識が身につく」とされました。日本国民の常識とはいろいろありますが、「地震のあとには津波が来るぞ」ということを教えたから、私の世代は全員知っているんです。だから二〇一一年に津波（東日本大震災）が起こった時に、ちゃんと教えておけば大丈夫でした。ところが教育学者はサボっていて、そういう教育をしていない。昔は「津波」の項目が入っていたのです。敗戦後は消えてしまいました。

たとえば大災害が起きた時に、地震学者は指導などできもしないのに「予言ができる」と嘘をつきました。そういって稼ごうとしたのです。実は私の本に勝海舟の伝記としても読める『勝海舟と明治維新』というのがあって、そこに濱口梧陵の話が出てきます。なぜ出てくるのかというと、濱口梧陵と勝海舟は会いまして、才能ある貧しい海舟を梧陵が支えました。豪農の力を使って間接的に明治維新を推進したのです。明治維新になって新政府は濱口梧陵を公務員として採用します。濱口梧陵は江戸時代の豪商で伝馬《てんま》制度を知っていたので、濱口梧陵にやらせればいいということになったのです。だから形式的には、初代郵政の父は濱口梧陵です。

　前島密はヨーロッパに行って、郵政関係のことを調べてきてすぐに日本の郵政の責任者に会います。「あんた日本の郵政をどうするんだ」と。そして彼は政府の要人に会って「濱口梧陵を首にして俺を郵政大臣にしろ」と言うんだよね。それで次の日にはなっちゃうんです。明治時代というのはそういう時代です。やる気のある人が社会で生きる。彼は大隈重信とほとんど歳が一緒ですが、大隈重信に会って「東京専門学校が財政難で困ってるんだろう。俺を校長にしろ」と言って校長になった。そういうやる気のある人が日本を救った。戦後は、明治の状態ほどにはやる気のある人達がいなかったんです。またやる気があっても自分で問題を作れないから、いつも後手後手になってしまう。「本当にやるのなら本気でやれよ」と思うんだよね。

　ところが問題を自分で作るということは極端に難しいんです。自分で作ったことがない人は簡単にできると思っています。教育学者は、どういうことが問題かわからないから、自分で問題を作ることが難しいということに気がつかないのです。もし子どもたちが問題を作ることができれば、それは学位を与えられるくらいです。

　津波の話もそうです。日本は津波の国なんです。国際語で「TSUNAMI」と言うくらいで、日本では津波が起こるに決まっていますから、国民の知識として必要なんですよ。

　国立研究所に入ってしばらくして私には物理教育研究室を与えられたんですが、少し経ってわかったのは、それは「生物学、歴史や地理には口を出すな」というわけです。そういうことをしていたら教育学はだめになります。教育学を本気でやる気なら、知りたいこと、教育に関わることは全部やらなくちゃならん。僕は全部やるぞと決意していました。のちに板倉研究室を作ってからは、板倉が考えたことは板倉研究室が全部やるとしました。

教科書から授業書へ

教育といえば教科書の話題が出ます。昔の教育学者の書いた文章で、「教科書を教えてはいけない、教科書で教える」という謎解きのような問題があります。「教科書を教えるのは悪い」……じゃあ、どうやって教えるの？「それは自分で考えなさい」と言われる。そういうのはやめてくれ、と思います。

私は教師に味方します。「教師ができない」と言って批判する人と戦います。教師より無能なのが大学の教授です。本当に専門バカで視野が狭いからです。自分がやっていることが偉いということしか言えないからね。もし専門家がいたら、そういう人たちにやらせた方がいいに決まっていますが、私の他には専門以外のことを幅広くやる人がいないから、「授業書」ができるはずがないんです。「授業書」という概念は私が作ろうと思って作りました。「授業書」というのは、科学上のうんと基礎的な概念・法則を一流の科学者がたどったような道筋で理解できるように、しかもその授業を誰にでもマネできるように組織した教材です。

今私が心配しているのは、敗戦後の日本の教育学、日教組の人たちは、「この前の戦争は軍部と財界が起こした」と言います。「国民には責任がない」と免罪してしまいました。「日本の国民は悪くなくて、悪いのは軍部と財界」……と言いますが、それは違うでしょ。軍部と財界が無罪とは言いませんが、トップクラスの軍人と財界人の人数はそんなにいません。しかし国民はたくさんいます。その国民が恣意的に動けば戦争が起きます。国民が動かなければ戦争は起こらないのです。それを無視して、また今同じようなデタラメを起こしたなら、それは日本の国民の責任です。社会現象は、「あっ」という間に進みます。だから責任をちゃんと取る、ということをしないといけないのです。

あの頃学校の教師は、政治的に規制されていて情報がきちんと入って来なかったから、何もわからない。軍部と財界の言うままでした。それで国民を動かす方に加担したのね。その後責任もきちんと取ってない。こういうことは恥ずかしいですよね。そういう意味で、教員の学力なんてないに等しいですよ。そして、それは今も同じ構造です。でも、基本的には革新的なところを真似すれば教育は変わります。

「仮説実験授業」の場合の「授業書」は、その通りそのままこれに従って教えればいいようになっています。もしも「授業書」が間違っていたり実験のやり方が間違っていたら知らせて下さい。

私が「授業書」を作るでしょ、理科の「仮説実験授業」は実は理科だけじゃない。あらゆる科学。自然科学、社会科学……私は社会科学という言葉は使わないのです、社会の科学です。日本で社会科学と言われた本はほとんどマルクス系です。社会主義者、共産主義者は、実験もしないのにわかったようなことを言うでしょ。彼らのいうことは怪しいということが定評になっています。社会の科学というのが誤解されます。社会の科学、私は初めから科学の教育をやります。しかし社会科学も含める。「仮説実験授業」にいろんな興味を示した人がいます。どう考えても美術の時間は違うとか、社会科学の方から見ると、いわゆる物理学や生物や自然科学のものだろうというように。教科としてはそうですが、「仮説実験授業」はあらゆる分野の科学です。少なくともそのモデルになっています。科学とは何か。それは、だれでもわかること、すべての人がわかることが科学です。社会の科学はほとんどわかっていません。だから私は社会の科学についても研究します。

実験できる数学——小倉金之助の精神を受けついで

数学について話します。数学にはすごく憧れていて好きなんです。昔僕が憧れたのは小倉金之助（一八八五—一九六二）の数学です。彼は良い家の生まれで、跡継ぎは何もしなくていいから家でぶらぶらしながらも、実は学校で勉強したいと思ったんです。しかし「俺は学校卒業したら廻船問屋の跡継ぎだから」と試験も受けない。そして自分の関心に合った教科書を買うんです。東京物理学校というのはそういう人が入る所です。

その小倉さんの弟子が遠山啓（一九〇九―一九七九）さん、その弟子が銀林浩（一九二七― ）さん。僕は遠山啓さんと仕事をしたから、遠山啓さんの弟子だと思われているかもしれませんが、弟子ではありません。小倉さんの精神を受け継いでいるのは私です。最近の数学教育では、子どもたちは「数学なんて勉強してもどうせわからない」「役立ちもしないし面白くもない」と言います。だから私は数学の「授業書」も作りました。

デカルト（一五九六―一六五〇）は実験をしません。だけど面白いのは、数学はほとんど実験できるんです。古代ギリシアのデモクリトス（BC四六〇―BC三七〇）やアルキメデス（BC二八七―BC二一二）なんて「実験で数学の真理を求めるのが面白い」と言っています。それで私が中心になって、実験できる数学の授業書を作りました。数学教育をやっている人はたくさんいるのに、そういうテーマさえ思いつかないのです。数学の先生は、「長さが三倍になれば面積は何倍か」ということをやります。本当なの？と思うわけです。そこから出発するんです。私たちの授業はどう展開するのか。「相似な図形の面積」の授業を考えてみましょう。倍率を大きくすることは学校では大概問題にならないようですね。計算させるとうまくできないので、やるとだいたい失敗します。「自分で考える」とか「計算能力が必要だ」ということに果てしなく依存しているから問題が起きるんです。だったら電卓を使えばいいんです。

実験ができる数学、「コピー機の倍率を二倍、三倍するとどうなるのか」。これは地図で、地図の計算です。二倍、三倍の世界でしょ。だから地図を使います。「相似な物体の体積」の問題もあります。第一問に三角錐を書いてもらいます。理科の先生はこれ（アクリル製の三角錐の器）に水を入れるでしょ。こういう実験教具を準備することを数学の先生はあまりやらないでしょ。これを半分のところで線を引きます、そしてこれに水

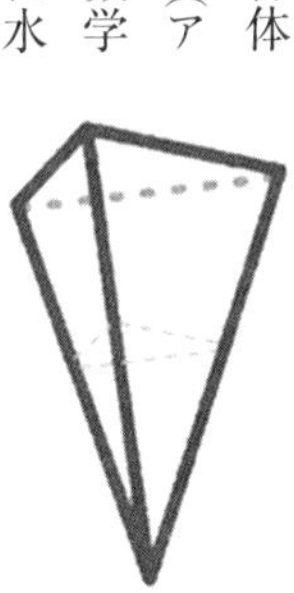

を入れます。いっぱいにするには、あと何杯ぐらい入るか。仮説実験授業の問題は、「問題」があって「予想」を聞いて、「実験」する。こういうことをします。「はい、入れます」

数学の好きな人は数学が得意です。だが、必ずしも通用しないんです。〈数学の知識〉じゃなくて〈本当のこと〉を聞きたいんだよね。こういう問題を出してどういう実験をするのか。そういうものを書いているのが「授業書」です。予想は「ア」が二倍、「イ」が四倍、「ウ」が六倍、「エ」が八倍。……さて、これコップで二杯目ね。

「仮説実験授業」は、時間をゆっくり取ってあります。必ずしも優等生が正解するわけではなく、劣等生が当たるということがあります。実際に科学の世界でもそういうことが起きます。ちょっと意見言いたいでしょ。やりましょう。二杯目、三杯目、四杯目、五杯目、六杯目、七杯目、八杯目、（ちょっと溢れた）。数学の授業ではぴったり合う。神経質な先生はぴったりできる。多少の誤差はあるが八倍なんです。数学はそういうことを実験しないでも言えちゃいます。数学の普通の先生がこういう実験をやると、実験はぴったりにならないのです。それでその数学の先生は「基本的に一般的にはこうだ」といっぺんに言ってしまうんです。これではうまくいきません。直感の世界で答えを導き出すことが多いですが、だいたい外れます。しかも外れても、先生の言ったその〈答え〉に納得できない。

教師や教育学者は実際にこのような数学の世界の授業体験をいろいろやってから、こういう授業を考え導入すればいいのです。学校の先生は仮説実験授業をしているということが怖いようです。それはトラブルがあると思ったり、マスコミが反対するということもあるかもしれません。しかし完全に全員が数学が好きになって理科が好きになって社会が好きになります。

「授業書」が哲学的というのは、見えたその世界がすごいと感動するからです。だから仮説実験授業の「授業書」で授業をやればいいんです。ですが、やりたくない人はやらなければいい。仮説実験授業をやるというのはそういうことであります。学校の先生が「授業書」を作る義務はありません。真似をすればいいのです。

ところが一般の授業研究会では、大抵の先生が反省します。反省するのが努力のあかしと言わんばかりに。でもそれは嘘ですよ。有識者が授業に呼ばれて、先生が良い授業をやって上手くいったとしても、それでも反省します。「反省する」のが学校の先生の儀式みたいにです。「反省させる儀式」を教育学は教えている。でもそんな反省は意味ありません。それは、はっきりしています。反省に従ったらもっと悪くなります。もちろん反省したらいいこともあります。でもだいたいダメだね。

私は授業書を作る人間です。誰かが、問題点を指摘をして直すとだいたい悪くなります。もちろん良くなるのもあります。その辺りは難しいですね。本当に良い授業をやりたいなら下手に反省するのではなく、何回も同じ授業をやって、どこが悪いのか考え明らかにしなければならないのです。ある先生は毎年四年を担任している。それでも一年に一回しか授業ができない。でも普通だったらせいぜい同じ授業できるのは三年に一回くらいじゃないの。名人芸で授業をやってもその時はお客さん（生徒）が「わぁ」となります。でも私が教師なら「それではダメだ」ということがわかります。授業プランというのはマネッコするためのものなんです。自然科学はマネッコが決定的なんです。科学はマネッコするんだということを、教育学では教育学者が徹底しなかったのです。

明治維新が成功したのは「西洋の学問は全面的に模倣する」という議論が出てきたからです。それまでは批判的に学んでいました。明治マイナス何年かに全部真似をして、それで成功しました。科学史も教育史も、かつての中国はちゃんと勉強しました。日本と中国では中国がずっと先駆者でした。江戸時代の一六〇〇年代に日本人が勉強した「中国語で書かれた西洋の本」があります。幕末のものだけど、そのほとんどは「ヨーロッパの宣教師が中国語に訳したもの」でした。日本の科学の本は、全部日本人が出したものですが、中国のものは中国人が書いたものじゃなくて西洋宣教師が書いたものでした。

その中国は、明治になっても同じことを続けていました。中国人は本当には学ぼうとしなかったんです。当時の朝鮮人もそうで、みんな自分たちで学ぼうとしなかったのです。彼らが遅れたのは真似事をしなかったからなんです。日本人は自覚的に自分の創造性を横に置き、本当に学ぶことはちゃんとやりました。

明治以降帝大には外国人教師が来て、ドイツ語や英語で教えました。東大の人たちは外国へ行きました。しかし文科系の学者はいつまで経っても独立しませんでした。西洋人の学者を批判したがります。それで追いつかなかったら、やたら西洋の学者を尊敬します。でも表面的に勉強してもすぐに失敗しますよ。

不思議なんですね。教育の学問ほどいい加減な学問はありません。今「教育が危機だ」「学校の先生の教育が問題だ」と言いますね。でも私はそうは思いません。「教育学の危機」ですよ。教育学者がまじめに研究しないから、世界の「教育学の危機」なんです。

研究集会を日教組がやっても、「学校の先生が研究授業が終わると逃げちゃう」といって主催者は泣き言を言います。高校の分科会でも「授業が終わると学校の先生が逃げちゃう」と、全く同じ事が起きています。だから今の教育は、ある意味では、私を含めて教育学者が悪い。教育学者が全面的に変わればいいのです。

まず「教育の問題なら教育学者にお任せ下さい。私達が責任持ってやります」「あの人に相談すればいじめの問題も、全て解決する」と言えるようにね。本当のことが言えるような勉強、本当のことを言おうと思えば、一生懸命勉強するしかないのです。

あらゆるものは学ばなければならないんです。徹底的に学び、最先端に立つのが教育学者です。私は全面的に「授業書」を創ります。私が作って間違っていたらそれは私の責任です。

■主な著書

『仮説実験授業』仮説社、一九七四年

『科学的とはどういうことか』仮説社、一九七八年

『仮説実験授業のＡＢＣ（第５版）―楽しい授業への招待』仮説社、一九七九年
『たのしい授業の思想』仮説社、一九八八年
『模倣の時代（上・下巻）』仮説社、一九八八年
『新哲学入門（ものの見方考え方シリーズ１）』仮説社、一九九二年
『発想法かるた―発想を豊かにすることわざ・格言集（ものの見方考え方シリーズ２）』仮説社、一九九二年
『教育が生まれ変わるために』仮説社、一九九九年
『サイエンスシアター シリーズ』（全16巻）仮説社、二〇〇一、二〇〇八年
『数量的見方考え方』仮説社、二〇一〇年
『脚気の歴史―日本人の創造性をめぐる闘い―』やまねこブックレット、二〇一三年
ほか多数。

【解　題】

小室　桃子

板倉氏は一九五一年東京大学在学中に「〝社会の科学〟も含めすべての科学的認識は仮説に基づく実験によってのみ成立する」という認識論を確立。自然弁証法研究会を組織し、機関紙『科学と方法』を創刊。その後誤謬論を中心とした認識論の組織的な研究を始め、一九六三年には科学の基本法則を感動的に教えるための教育理論「仮説実験授業」を提唱。さらに、一九七三年数学者の遠山啓氏らと共に、月刊『ひと』（太郎次郎社）を創刊。研究領域を授業科学全般、〝社会の科学〟の研究と教育にも拡げた。

板倉氏は、授業は「楽しさ」が大事、「学ぶは真似ぶ」から始まる、そして押しつけのない楽しい科学

の授業を「授業書」（熱心な教師であれば誰でも「すぐれた授業」ができ一定の成果を上げられる、教科書・指導書・読み物を兼ねた教材）という形で、教育を科学的に研究する道を切り開き、「たのしい授業」を再現可能な形に示した。「子どもたちが授業を受け入れ、教科を楽しみ、好きになる、少なくとも嫌いにさせない」としていることは、これまでの教育の歴史の中で画期的と言える。

今から三〇年も以前の教育界では「厳しく鍛え、辛くても苦しくても努力することが美徳」とみられており、「楽しさ」を前面に出すなどは教育集団の裏切者、危険思想と思われるほどの衝撃を与えた。しかし次々と発表された「授業書」の中の問題や挿入された〈読み物：お話〉は、その後、一般の教育関係書籍や検定教科書の中にも、摘み食い的にじわじわと採用される形となり、日本の教育界に「楽しさ」の大切さを広め、それは人々の暮らしにまで影響を及ぼした。「授業書」を知らない教師の中には、「楽しさ」が「面白おかしい・お笑い・受けを狙った」ものとして理解され、単に子どもたちを笑わせ、それを「楽しさ」と勘違いされていることも多いが、「子どもたちの〈創造の力〉を育てるのなら、授業はたのしいものでなければならない」と言い切る板倉氏の言う「楽しさ」とは「人が知的好奇心を満たされたときの本質的なよろこび」を指す。

一九九五年には「サイエンスシアター」運動を提唱し実施。その後〈たのしい科学の伝統〉を蘇らせる仕事の成果と今後の発展を記念して「科学の碑」を建設するなど、科学の啓蒙活動を推進した。

私生活での板倉氏は、麺類と甘いものが大好きで、また、古書街神保町を歩くことは大きな楽しみの一つであった。ご自宅の蔵書は、合計三万冊弱、「科学の碑」と科学会館のある湯之谷の書庫も含めると五万冊余の書籍がある。

板倉氏はさらに「弁証法」を「発想法の一種」として捉え返し、そのうえで「いかにしたら自分で自分を無意識に縛っている考え方の枠を自覚したり、そこから自由にものを考えたりすることができるようになるのか」を「発想法かるた」として作った。「一つのことに囚われない自由な発想の仕方」は、「時には一つのことに囚われる素晴らしさ」をも認める発想の仕方と言える。

「科学を学ぶということ」は、〈自分たちの考えていることが間違っている可能性も充分ある、ということを考えることができること〉とされているから、軌道修正できるのである。板倉氏の提唱する「仮説実験授業」は、学校・教育界を飛び越えて、人が生きてゆく指針、人間の生き方を深く考えさせるものである。

板倉聖宣氏とフロアとの応答

司会：ここからは「すべての子どもが学びに向かう授業づくり」がテーマです。会場からの質問。数教協の初代会長が小倉さんに任された経緯について。

板倉：僕は小倉さんの数学教育の問題を見て、教育法をやりたいと思いました。小倉さんの影響を遠山さんは受けていません。遠山さんは政治的にやられたので、時代の寵児になりました。僕が遠山さんから学ぶより、遠山さんが僕から学ぶほうが多かったと思います。これまでの教育学の時代が終わって、新しい時代を作らないといけないということにほとんどの教育学者は対応できませんでした。政治学者的なことしかできなかったからね。

司会：一七〜一八世紀、科学では光や自然の中に素晴らしいものがあると百科全書派が現れます。仮説実験授業の根底にアマチュア的な科学の精神、そのような願いがあるのでは？

板倉：ガリレオなんかは自分の関心で研究する科学者ですが、一九世紀の半ばからだいたいサラリーマン科学者が出てきます。日本人の科学者はだいたいそういうものです。牧野富太郎という人もサラリーマン科学者です。牧野は「クスノキは楠の木である」という訳のわからないことを言う。「桜とソメイヨシノとどこが違うのか」

と聞くと、「桜なんていう木はない」と。質問するとみんないじめられちゃう。そういう人たちが学者だった。本当に人民とくっついている学者がいません。ガリレオは学会の力で科学者の専門性を認めさせようとしました。本当に人民の代表だったら学問を受け継ぐんです。定年後に仕事が出来る人がたくさんいますが、「科学者」という専門職業を守る運動を僕はやる気はしません。一般大衆とくっついた科学をやりたいと思っています。専門科学史というものです。世界の学問は独占資本に金を出してもらって、若いうちはみんなそれが本当の科学だと思っちゃったりする。俺はそういうのは嫌だ。これに対して一七、一八世紀の学問は、貴族的だから、学問の伝統を受け継いでいます。そういう事情が背後にあるんだよ。僕の科学史は超時代的な科学史。ガリレオ的な考え方と子どもたちの考え方がほとんど同じなんだ。だから特別な天才なんていません。僕は世界のアカデミックの科学とは違う科学を生まれさせたということができるだろうと思います。江戸時代は大阪が蘭学の中心で、金持ちが幕府なんか関係なくやっていたんだよ。そういう歴史を僕は解明する。

司会：先生は『楽しい授業の思想』というご著書の中で、「たのしさ」は手段ではなくて目的であると。教育の思潮の中でどのような論争があり、どうお考えなのですか。

板倉：いわゆるヒューマニズム、「楽しさ」というのはちゃんと伝わっちゃいません。日本の教育のルネッサンスは戦争中に初めて自立しました。教育の大正デモクラシーの精神は、戦後のアメリカ的民主主義に近かった。それが崩壊した。教育学者には、いろいろ言うことが好きな人がいるけど、科学というのはそう安っぽくない。簡単に解けば科学になると思っているがそうじゃない。科学はもっと面白いものだよ。

僕は小峰書店から『いたずら博士の科学だいすき』(シリーズ)という本を作りました。この本では「実験すれば楽しいと思うのは間違いだ」ということを明らかにしたつもりです。楽しかったら自然に実験する。興味を持ってやる。だから読み物として楽しいものを作ろうとしました。自分の問題意識で考える連中があまりにも少ないもんね。たとえば、なぜギリシャが学問の発祥の地なのか。あそこはオリーブの産地で、オリーブの実の油は夜の明かりにも使える。で、それを売っていた。オリーブの種の中から油を出すためには科学技術が必要になるんです。そうして「夜が明るい時代」になった。そういう時代になったから、「明るい時代」になったとも言えます。教育学者はそういうことがわかっていない。ローマ人は強かったでしょ。ローマ人はみんなギリシャ人を尊敬している。軍事的にはローマがずっと強いのにギリシャ人を尊敬しているんです。それは学問をちゃんとしているから。ギリシャの学問がルネッサンスで、ローマの学問の根っこはギリシャ。

僕は「仮説実験授業」を提唱した時から、社会科学も子どもの意欲を引き出すとか、ちゃんとやらないとダメだと思っていた。近代科学、近代技術も、しばしば反民主的です。しかし教育学のほうがもっと怖いですよ。幸いにして教育学者は無能だから、人間が中心になって教育学を作り替えれば、悪いことではなく良いことに使ってくれる。だから悪い奴が変に使う前に、我々がちゃんとした教育をする。「知識」というのは実は危ないんだよ。「楽しさ」とは生きる原動力。「仮説実験授業」は自己肯定感を高めるの。

哲学的なものに、こんなに関心がないのはなぜかな？　「仮説実験授業」によって子どもたちはすごく哲学的になるんだよ。だから数学なんかの抽象的な学問ができそうです。哲学的な問題に完全に子どもたちがついてくるんです。全員が授業に集中できます。個々の生徒の変容と集団の変容とがあるね。優等生が劣等生を尊敬するし、劣等生が優等生を尊敬するんだよ。

予想を選んだ人数を調べて、その選択肢ごとに人数を黒板に書くでしょ。その表の中にクラスの全員が入っているんです。全員が一人の個として人数表に入っているの。討論するうえで、自分の位置をそれぞれが持っている。そして、発言を聞いているだけの子もいるんだけど、授業が終わった後に感想を書いてもらうと「ぼくはすごく良かった」と書いているんです。子ども同士が信頼しあえるし尊敬しあえる。そうしてクラスの中も変わってきます。普通の授業では考えられないと思います。

司会：現在の教育の状況を見まして、さまざまな一番根っこのところは？

板倉：どんなときもそうだけど、やる気のある人は自分のやることが大事です。「楽しさ」を大事にする。やる気を大事にする。百科全書派も本当にそうして研究しています。フランス語学者たちがイギリスに先を越されました。イギリスの模倣をしようとしてイギリスを追っかけようとした。百科全書派図版集がありますがそれを見ればわかります。もっと大衆的な研究をする天体科学の知識というのは困りもので、知識を得るとやたらえばるんです。そういうのを作っちゃう。

「学問というのはもともといやらしいものだ」と自覚しながら教育して欲しいんです。喜んで楽しく勉強できる授業をしてほしいと思います。「他人の笑顔」を喜べる境地。教育改革も何か外国を追いかけ追いつけということではなく、他の人の笑顔を見るのを楽しむことをもっと考えたいね。金を稼ぎすぎた時にその金をどういうふうに使うか、というのも科学史の研究対象だね。どうやってみんなに配ろうか。泥棒にまで配られたら嫌だから大変なんですよ。先生方は「子どもたちが学習意欲がない」とか余り言わないでください。悪いのは教育学、みんな教育学が悪いのです。もしかしたら板倉が悪い。教師たちを説得できないものね。

司会：新たな展開、可能性は？

板倉：僕は今国語の授業をやっています。言葉の問題です。子どもたちは漢字が嫌い。漢字が好きになるような授業をやる。常識にとらわれないで、みんなが喜ぶものをやっていこうと思う。将来の展望なんか余り考えないね。「仮説実験授業」を提唱したのは一九六三年、来年が五〇周年。結果的に見れば随分長いです。量子学もすごく時間がかかりました。音響学は五〇年ぐらい。科学はみんなに認められるまでに時間がかかる。

司会：それでは、教師に求めることは？

板倉：頭がいい悪いじゃない、頭が硬直していたらダメなんですよ。新しいことをやっても大概うまくいくとは限らないんです、失敗します。実験すると少しは当たります。そうやって世界は少しずつ変わるんです。だから柔軟な頭の持ち主が本当は必要かもしれないね。

司会：閉塞感漂う教育界ですが、子どもを壊しちゃいけないことを強く感じます。

二〇一三年一二月二一日

佐藤 藤三郎

無着成恭の教えと佐藤藤三郎の学び

【佐藤藤三郎《さとうとうざぶろう》氏 プロフィール】

一九三五年、山形県山元村（現上山市）出身。一九五五年、上山農業高等学校定時制卒業。無着成恭の「山びこ学校」の卒業生。営農家、農業問題評論家、作家。上山市の青年学級主事、教育委員、農協理事などを務める。

＊

『山びこ学校』は四三名の無着学級から生み出された文集です。佐藤藤三郎さんは、おそらく日本で最も有名な級長で、最も有名な卒業生答辞を述べた卒業生代表だと思っています。一九九五年、バブルがはじけた直後ですが、藤三郎さんにお会いすることができました。当時六〇歳の藤三郎さん、見知らぬ人間に対して、「私は農業をやめない」ということ、「私は知識はないけれども、教養はあると自覚している」ということなど、熱く語って頂きました。残念ながら「山びこ学校」は二〇〇九年三月末に閉校いたしました。無着成恭先生の元で学んだことを、たっぷりと語って頂きました。

はじめに

こんにちは。昨日山形は雪でした。市内まで出れば、雪はそう多くはないですけれども、私の住んでいるところは山形市内からずーっと南西の方の山に登って行って、「狸森《むじな》」というところですから、道路が凍ったりすると、車が滑って止まらなくなったりしますので、事故で遅れたりしたら、失礼すると思って朝早く出て山形の駅に着きました。そこから、時間もあって、順調に、無事にここに着きました。大学に来るのに一番近いところのJRの駅は大塚といわれましたが、チンチン電車で来ると一番便利だと東京に住んでいる娘に教わったので、この国際会議場に予定より早く着いてお邪魔してしまいました。私は朝早く来たもので、腹が減ってまして、滅多に食べたことのない、パンに具を挟んだもの、あれ何というんですか（笑）、それを出していただきまして、食べました。これで十分持ちますので、これからつまらない話になると思いますが、お耳を拝借させていただければと思います。

どんな話をとかテーマをどうしますかということを、大抵頼む方が言って来るんですが、（頼む方に）それが無いので私は何を話せばいいのか分からなくて、ただ佐藤藤三郎にしゃべらせてみようだなんて考えたのだろうと思っています。こんな意地悪い話はないと思うんです。何を勉強するために、誰をお願いするか、どういう研究をしている人をお願いするかってのが本当なんで、そういう頼み方をされると、その主催者は不勉強家で賢くない人だなぁと、こういうふうに、からかうんじゃなくて、本気でそう思います。大抵、テーマを何とか、題を何としますかというのが大部分なんです。この度はそうじゃなくて、「無着成恭の教えと佐藤藤三郎の学び」、「佐藤藤三郎は無着成恭に何を学んだか」について話せということだと思うんで、そういうことだったら、私は、今紹介していただきました『ずぶんのあだまで考えろ—私が「山びこ学校」で学んだこと』って本が、「本の泉社」から出ていて、それを買って読んで頂ければ私の話など聞かなくともいいのになぁと思いますので、これから是非買って読んで下さい（笑）。今、本は売れないんですね。でも、『山びこ学校』だけは売れているみたいなんですね。岩波の文庫版、あれはもう二〇刷までいったんじゃないんですか。後で話しますけれども、出版社は「山びこ学校」という名前を入れると売れるだろうと思って私の本にもその名を入れたようですが、私はこのタイトルは嫌だったんだけれども、出版社が入れたんだけれども売れないんです。出版社も困っているようです。私は印税無しで良いですからといって出版してもらったんです。出版社のためにも是非ご協力方よろしくおねがいします。

山元村

これは前置きで、冗談みたいではありますけれども、本当にタイトルに沿って何を話せばいいんだろうかと私も迷ってしまいました。実は、何をっていうのは、私が中学生の時に無着成恭という先生に巡り会ったんですが、その間の三年間教えを受けたのですが、他の学校で教えを受けていませんので、私の学びは、私はこういったことを学んでいましたってことを言えるけれども、それが教育的に何だとあれこれ言われても、他のことは分かりません。だから体験したことだけしかお話しできないんです。それをあれこれいうのは、学者先生のお仕事で、私はそんなこと述べる必要はないと思うんです。それでも、まず『山びこ学校』と無着成恭先生におそわった思い出を話します。私は一九三五年の生まれですから、戦中・戦後を体験しています。大東亜戦争といわれる第二次世界大戦が始まって間もない、次の年の四月に、国民学校に入りました。尋常小学校が国民学校に変わったんです。私は九人兄弟で、七番目に生まれたんです。上のが二人早く死んでおります。いま一番上の姉は九〇を過ぎたんですけれども、二番目が八八です。それで今いるのは、上の二人が亡くなっただけで、後の人は生きています。誰が次に死ぬんだろうかと笑話をしています。上から順番に死んでくれればと思っているんだけど、誰から早く死ぬかわかりません。ともかく順を追って死んでくれればいいなぁと思っています。

本当に山村の「むじな」という言葉でも分かって頂けると思うんですけれど、そこには「狸森」という御所がありますす。私の家の西側にあるんです。その御所には伝説があります。小さな山ですがね。その裾野に、小さな集落があるんです。昭和三二（一九五七）年までは山元村って言ったんだけれども、三〇〇戸ほどあって、人口が約二〇〇〇人いたのです。田んぼが少なくて食べるのに困り、それを見て中学生なのに無着先生に米のことを調べさせられたんです。八一ヘクタールほどの田んぼがありました。一反歩一〇アールですよね、その頃米は、一反歩からできる米は六俵くらいが標準だったんです。そうしたなかで村の半分から七割が小作人だったです。自作で自分で米を食べることができる米がある農家はほんのわずかでした。私のうちも、自分の田がほんの少しはあったんだけれども、条件の悪い段々の田んぼで、自作の田んぼ三反歩、あとは小作地だった。六俵のうちの半分を地主に小作料として年貢を現物で納めると、残り少なくなって夏には食べるものがなくなりました。昭和一七年になると、食糧管理法っていうのができて、食糧の一切を政府が管理するというので、地主に米を納めるのではなくて、小作人は直接政府に売るというふうな形に変わりました。それで小作料を別に金で払うということになりました。私はそういうところで生まれたもんです。私の村は明治一二（一八七九）年に狸森村になったんですけれども、役場も持てない村でした。明治二二（一八八九）年に小白府村と合併して山元村になったんだけれども、両者共役場を持てないほど財政が貧しい村だったんです。それで狸森村のほか一ヶ村の役場をもち、戸長（当時村長を戸長と言ったんです）、戸長のほか、役場の職員が一人だったんです。村に書記になる人がいなくて、よその村から頼んで来ていたようです。山元学校の百年の記念誌をまとめるときに、明治からの村の議事録に目を通したんです。書記をできる知識のある人が村にはいなくて、よその村から頼んで来ているんです。私は、貧しさってのは単なる物質的な貧しさではなく、教養がない、教養が低いということがいかに惨めであるかということをしみじみと感じた覚えがございます。上山の街にいくと、私たちは「山かげの人」と言われました。また隣村の本沢村に行くと、「山衆」という。つまり、一人前に扱われなかった。非常に悔しく思ったことが今も頭に残っています。戦争が始まって間もなくして、そういう所の学校に入ったのです。

国民学校（小学校）の記憶

昔は村の学校では免許を持っていない先生を「雇い」と言った。二年生の時には裁縫の実科女学校を出たばっかの「雇い」の先生を、隣り村から校長が頼んできた。そんな先生が担任だった。今は不登校というものが子どもにありますけれども、雇われてきた女学校出たばかりの先生が二年生のときに不登校になったのです。子どもたちは授業の時間になっても外に出て遊んで教室に入らないのです。その先生、困って、職員室に行って、校長を呼んできたりして校長に怒られました。そしてその先生が夏休みになったら、学校に来なくなってしまったんです。先生の不登校ですね。

そんなわけで小学一年生になったとき、昭和一七（一九四二）年です。防空壕を自分たちで作ったんですよ。小学校一年生の時ですよ。二年生のとき担任がいなくなって、学校の前の店の男の人が、代わりの「雇い」の先生として担任になりました。しかしその先生も途中で召集されてしまいました。その後一ヶ月、二ヶ月、五人の先生がいなくなり全然授業してくれない。それでも、教育勅語だけは二年のときにちゃんと教わった記憶が残っています。三年生のときは教頭先生が担任してくれたが、勉強をしたという記憶はない。国民学校四年生のときには、女学校卒業したばかりの先生が担任になりました。やっぱり子どもが先生を甘く見ていました。だから勉強しないんです。五年生の時には、女子師範学校を出た先生が担任となったんですけれども、たまたま母親が結核で入院して、看病のために休みました。その先生が担任になって今度は勉強ができるのかなあと思ったけれども、その先生は女子師範学校を出た免許を持った先生だったんだが、「こんなわからない生徒を見たことない」

と言ってね。小言ばかり言っているんです。先生ってのはね、できないこともできるようにするのが役目なんですよね。それがおまえたちこんなことも分からないのかと毎日、毎時間そんなことばかり言うんです。その後、兵隊から帰ってきた先生にもちょっと教えて貰ったんだけれども、その先生にもまた勉強したという記憶はほとんどない。小学校六年生の時には新しい先生が来た。商業学校を卒業したばっかりの先生です。商業学校を卒業したんだから、昔の中等学校程度だからね、他の先生より学歴はあったんだと思いますけれども、しかし初めてなものですから、教えるのはなれていなかったんでしょう。そろばんが得意だったものですから、毎日そろばんだけだったんですよ。私はそろばんが嫌でね。そろばん全然ダメだったんです。今私は計算は電子計算機を使っていますが、それでも字を手で書くよりももっと時間がかかるから、女房にパソコンを使うようにと勧められるんですけれども、買ってみたがやっぱりダメなんです。その先生が私を嫌っていました。私より四つ年上だったんですけれども、なんか私を怪訝視しているように見えるんです。そんなふうでしたので小学校の時に、まずほとんど勉強した記憶がないんです。まあ、試験があるならば当然中学生になれないんだけれども、テンつきのごとくして中学生になったわけです。そこに現れたのが、無着成恭という師範学校を出たばかりの、何というかなぁ、風変わりな男だったんです。

無着先生の訴えかけ

中学校にもう一人優秀な先生がいたんですけど、その先生に担任してもらえればいいなぁと思ったんですけれども、一年生なものですから、来たばっかの先生が担任となったんです。腰にタオルをぶら下げて、ハンチングかぶった、その男が私たちの担任だった。そのときの新任の挨拶がまたフルっていたんです。「先生なんていうのは決して偉いもんじゃないんだ」などと、他の先生がいるのにも拘わらずズケズケと言うんです。「先生方は君たちの勉強するための踏み台だ」ということを言われたことをよく覚えております。それからねぇ、「戦争に負けた国なんだからね、独立した国として立っていかなきゃならない。ブラブラしてるとアメリカの属国になるぞ」、そんな演説を、テーブルから脇に出てテーブルを叩きながら演説を始めたんです。二一歳の若造、師範学校を出たばかりの教師がですよ。校長も他の先生も驚いた様子でした。そのときの校長は渡辺善正という方で、これがまた堅い先生で、先生に採点を付ける（勤務評定）のがあったとき、まじめな先生なものだから、ノイローゼになったと聞いています。

無着成恭先生のような、いわば悪い言葉で言えば、学生時代からまともでない生徒で、いわばケタ外れのところがありました。やっぱり私は無着成恭という先生の偉かったのは、普通の人ができないことをやることだと思います。無着先生は、前の五年生のときの先生と違いぐちるのではなくて、「分かってくれ」「分かってくれ」と一生懸命説いておったということです。やっぱり教師としての素質があったんだろうなと思います。無着成恭の教えというのは、それが私に一番の記憶に残っている偉さです。

教室は明治三三（一九〇〇）年に建てられた茅葺き屋根、草葺き屋根の校舎でした。それと同じような建物が山辺町の山の奥に残されております。明治三三年に建てられた校舎の一番外れの教室で、その先生と巡り会ったんです。弁当を持ってくることができない子どももおりました。米が無いために弁当を作れない。そのような生活面に触れて、米について調べてみようじゃないかと言われ、一軒一軒誰と誰がどの集落に行くかと割り当てられました。「あなたのおうちでは米を食うのはまかなえますか」「食べる米は間に合いますか」、といったことを調べさせられたんです。私は自分の家の集落から二キロメートル（ほど離れた）山の中の集落に調べに行ったけれども、ある家に行って怒られたことが忘れられません。標準語で言った訳ではないんだけれども、「あなたのうちでは食べる米は間に合いますか」と聞いたら、そこの親父さんに、「食う米が足りなかったらどこからか持ってきてくれるのか」と言われたんです。いや〜それは子どもながらに、非常に気まずくガクっときましたね。

貧乏を貧乏だなんて言ったらいけないということを知らなかったんだな。二一歳の若造の先生だからねぇ。だからそんな風にして調べさせる、ある意味では大学の研究と同じみたいなことをさせられた。そしてそれのまとめ方や統計とか集計の仕方なんかを中学一年生に教えたんです。自分の代わりに生徒にやらせたということですね。そういう調べ方、勉強させ方を単に誰それが言った、というのではなく、いわばマルクスがこう言ったとかいう教え方ではなくて、どこの親父さんが何と言ったか、どういう言い方をしているか、ということでね。つまり、実態・事実そのものから問題を取り上げて抽象化していくということです。そうした勉強の仕方というのを先生はどこで習ったんですかと、聞いたこともあります。そしたら、自分でも分からない、と言ったんです。多分、師範学校で習ったんではなくて、須藤克三という先生に物の考え方の影響を受けたのが大変大きかった。須藤克三先生というのを知らない人も多いと思いますけれども、日大の高等師範部で学び、戦災に遭って山形に帰って山形新聞の論説委員をした人なんです。師範学校に行くと必ず須藤克三先生の所に寄ってお話を聞き、大変勉強したということでした、統計の集計の仕方とか。中学校の教室の後ろの方に小さな部屋を作って、俺の研究室だなんて、大学と同じみたいな研究室をつくっていたんです。師範学校のときは先生とも対等の付き合いだったみたいですね。言い合いするにも、対等の付き合いをする、いわば暴れん坊の学生だったらしいのです。

無着先生の活動

当時、南村山郡は西部地区・東部地区・南部地区と三つに分かれていて、郡の中でも私たちの学校は西部地区でした。私たちが一年生のときに「西部子ども協議会」というのが作られたんです。それは、教員組合が中心になって、お互いに学校同士の交流をして、生徒の視野を広めていこうとして作ったんでしょう。ところが、山元の山ん中から出て行った私たちは、他の学校の生徒のように何もしゃべれなかった。しかも、ろくなものを食べていないから、体力も体格も悪くて、他の学校の生徒と走ると一〇〇メートル走るうちに二〇メートルも差が付けられるんです。そんな学校だったものですから、発言なんかもできなかった。それを見かねて、先生方は生徒を盛り立てることに命がけだった。そしたらいつかの校長会で、渡辺善正校長が、山元の学校の生徒はひねくれてると言われたと問題になったそうです。ひねくれてるとは何事だと、無着先生は渡辺校長よりも苛立ったみたい。渡辺という非常に堅い校長先生は、二年間一緒だった。

次に来たのが本間校長です。本間校長先生は、とても優秀な息子さんが二人居られまして、その息子さんが社会の変革について何度も父親に話されるらしかったんです。校長先生も息子さんの話を聴きながら、生徒たちのくらしを何とかしたいという気持ちがとても強かったんです。その校長先生が無着成恭先生の教えを支えたのは息子のおかげだと話されたのを聞いたことがあります。「しっかりやれ」と校長先生が息子さんたちに励まされたらしいんです。

その頃教員組合から代表に選ばれて、無着先生はヨーロッパの世界教員会議に行ったんです。まだ共産系の国と国交回復していなかった時にです。その時のついでに勝手にそのような国に行ったんです。それで大変な話題になりました。新聞にデカデカと取り上げられたんです。そうしたことを平気でやる人だったんです。そのことによって本間校長は何ヶ月か一〇%の減給処分を食らっているんです。ところが、そのくらいお世話になった本間校長が亡くなったときに、知らせてやったんだけど、お葬式に来ませんでした。私は行ったけど、無着成恭先生からは弔辞も来ていなかった。そういう所もあります。

山元中学校の閉校

村だけでなく都会も同じだと思うんだけど、旧山元村で私の時に村で小学校の生徒が三〇〇人いたんです、中学校の生徒が一五〇人。それくらいの数がおったんだけども、それが最後に小学校に二人、中学校に四人となった。で、中学校が早く無くなるってのは、どこの地域でも当たり前だと思うけど、(二〇〇六年に)小学校が早く無くなったんです。子どもが居なくなったからです。小学校が早く無くなったのは、一年から六年までで二人しか居なくなったので、こんな小さな学校で、遊ぶ友達もいないところで子どもを育てたくないと親が言い出して、転居してるんです。中学校の人は、なれない他の学校に行くよりも、ここの学校で卒業させたいって言うので、最後の生徒が無くなるまで残ったんです(二〇〇九年閉校)。私はその時、教育委員だったんですけど、一億一〇〇〇万円ほどかけて体育館を建てて間もなかった。それから校舎も危険校舎だということになって、建て替えになってるんで、三億五〇〇〇万円ほどかけて建てたんです。建てて間もない校舎ががら空きになってしまったんです。少人数でも優秀な教育ができるはずだった。「山びこ学校」という伝統ある学校を残したいということで鈴木市長は建てたんです。

現在過疎が進んでいて、山元は二〇〇〇人いた人口が今は三五〇人くらいです。戸数が三〇〇戸くらいあったのが、一四〇くらいです。残っているのはお年寄りばかりなんです。都会も同じだと思うんだけれども、若い人が少なくなっているから、腰の悪い・足の悪い年寄りばっかり。ここに残って生活しなさいと言っても、若い人に仕事があるかって言われたらどうにもなりません。そういう状態のところに「山びこ学校」がどうだこうだって大先生たちからいろいろ言われ、ほかにもいろいろな意見、お考えも言われるけれども、実際に村に残った人にはそうしたことを言われても困るだけです。たとえば「資料館を作ったらどうか」というような提案もございますけれども、村の人のほとんどがそんな気持ちは全然ない。「素晴らしい教育だった」なんて言ってくれる人もいますけれども、村の中ではそう言えない状況なんです。無着先生自身が、「俺は点数教育に負けたんだ」と自ら言ってますけれども、国際化された経済の中で、山の村で生活できるという状況を作るっていうのはほんとうに難しいですね。今は村でも、昔貧しかった、学校に弁当を持って来れなかったような人が、厚生年金をかけているのでそれで暮らしています。私みたいに、何だかんだ言われてきている中で、転職しないできたものですから、厚生年金をかけてないので、国民年金の基礎年金だけで生活しています。お上は一枚一ヘクタールの田んぼをつくり、素敵な農業を進めるといってますけれども、田んぼをやりたいと言う人は、本当に少ないですよ。田んぼの値段もガタガタ下がっているのでそれを集め、大規模な農業ができると言っている人もいるけれども、それもなかなか進んでいません。昔は一人が一年で一石（一五〇キロ）の米を食べるとか、さらには四俵、二四〇キログラムも食べるといわれていました。魚も肉も食わないと、やっぱりそのくらい食べたらしいんです。今は六〇キログラムから五八キログラムになって、ご飯を少ししか食べなくなっています。このままでいけば、米を作る人がいなくなります。実は今農家の収入の六割は農外収入なんです。農業収入よりも、農業以外の収入がある。それで生きているのです。それが確実な所得になるから、暮らせるんです、さらにまた、今の五〇代以下の人は、勤めの仕事を辞めても農業をやれないんです。我々は小学生・中学生の頃から農業をやっていたもんだからできますが、今の五〇代以下の人は、学校、学校、学校で育ってきているから鍬の使い方、鎌の使い方が全然分からないんです。そのときにどうなるか。どうするかが村の大きな問題です。

もう終わりで良いですか。教育に関係ない話ばかりで悪いけれども、言いたかったのは教育の基本は知識の詰め込みだけでなく、生活の問題だということです。

■主な著書

『山びこ学校』（無着成恭編）青銅社、一九五一年／百合出版、一九五六年／角川書店、一九六九年／岩波書店、一九九五年

『25歳になりました』百合出版、一九六〇年

『底流からの証言—日本を考える』筑摩書房、一九七〇年

『どろんこの青春—農村・狸森から若者へ』ポプラ社、一九七九年
『まぼろしの村』（全5巻）晩成社、一九八一年
『私が農業をやめない理由』ダイヤモンド社、一九九三年
『村に、居る—新しい文化を創る』ダイヤモンド社、一九九六年
『山びこの村—だから私は農をやめない』ダイヤモンド社、二〇〇〇年
『山びこ学校ものがたり—あの頃こんな教育があった』清流出版、二〇〇四年
『ずぶん（自分）のあだま（頭）で考えろ—私が「山びこ学校」で学んだこと』本の泉社、二〇一二年

【解題】

小野由美子

一九五一年三月二三日、山元中学校卒業式の「答辞」で佐藤は言う。「私たちが中学校にはいるころには、先生というものを殆ど信用しないようになっていました。」出発点はそのようなものであったが「私たちはこの三年間ほんものの勉強をさせてもらったのです。」「人間のねうちというものは、『人間のために』という一つの目的のため、もっとわかりやすくいえば、『山元村のために』という一つの目的をもって仕事をしているかどうかによってきまってくるものだということを教えられたのです。」「ここまでわかって卒業です。本日からは、これも先生がしょっ中いっている言葉どおり、『自分の脳味噌』を信じ、『自分の脳味噌』で判断しなければならなくなります。」卒業と同時に佐藤は四年制の上山農業高等学校定時制に進学、一年を開けてさらに同校の専攻科（一年制）を修了している。

無着は『山びこ学校』の実践をその「あとがき」で次のように述べている。「私は社会科で求めている

ようなほんものの生活態度を発見させる一つの手がかりを綴方に求めたということです。だから、この本におさめられた綴方や詩は結果として書かれたものでなく、出発点として書かれたものです。一つ一つが問題を含み、一つ一つが教室の中で吟味されているのです。」無着の指導を受け佐藤は調査報告や生活記録のいくつかを同書に綴っているが、それらはその後の著述活動の基礎を形作っている。

　佐藤は社会・経済状況が激変するなか地元に住み続け、狸森で農業と格闘しながら執筆・評論活動に勤しみ今日に至っている。「山びこ学校」によって「村にとっても、習った人にとっても良かった面と迷惑を被った面と、両方ある」ことを認識しつつ、無着成恭について、今なお、「私たちの師をなされた三年間の実践ていうのは、やはり素晴らしいものだったと思います。」と語る。佐藤の最近著のタイトルは『ずぶん（自分）のあだま（頭）で考えろ』である。人間は数多くの人や事象との出会いによって成長を遂げていく。長い一生を振り返ると、多くの場合それらは複雑に絡み合っており、何が決定的であったのか単純には規定できない。しかし佐藤に見られるように、中学校時代の一人の教師との出会いがその後の一生を決定づけるということも稀有ではない。「なんでも何故？　と考えろ」、そんな生徒を育てる教師の力量がいまも変わらず求められている。

佐藤藤三郎氏とフロアとの応答

フロア：無着さんの実家は曹洞宗でしたが、学校での教えの中にその宗教的な背景はありましたか。

佐藤：わたしたちに教えた時には、全然無かった。だから、親父に対する何か批判みたいなものさえあったみたいです。（笑）

フロア：先程映画を見まして、思い出しましてですね、寒くて食べるものが無くてね、先生がいない、そういう中で生徒が育っているんですよね。佐藤さんのように立派に後を継いで、育っているわけですけれども、その教わった子どもたちが各々成長して、ここまで働いて、もう八〇歳くらいですが、当時を振り返って、無着成恭さんはこうすればよかったなぁってクラス会で会ったりして言っていることがありますでしょうか。

佐藤：耳が遠くてよく意味が分からないので、違った答えになるかも分からないけど。映画になったり有名になったりして、かなり人生を狂わされた人もいるんです。まず最初に、働くことが一番好きになろうとか、その考えというのはマルクスの労働価値説からきた言葉なのかなぁと考えたりしますけれども、中学校を卒業したときに、それが悪用されている人がいるんです。無着成恭さんの教えを受けた人は、金なんか安くても一生懸命働くんだろうという。惨めな丁稚奉公みたいなことをさせられたりしている人もいるんです。それでも、まいっている人もいるけれども、まいらないで頑張っている人もいます。『山びこ学校』を活用して金儲けしている人もいます。大学を七つ受けて、七つ目の大学で合格したなんていうのがいます。その人は『山びこ学校』を名刺代わりにし、商売して、会社を興してそこの会長になって、クラス会で金が足りなくなった時に、出してくれました。どちらかというと、村もそうだし、習った人も良かった面と、迷惑を被った面と、両方あります。

司会：先程のお話の中で世界教育連盟の関係で海外に行かれてから、無着成恭のその後は、狸森を去って、東京の明星学園に行かれるわけですよね。明星学園でまた自分なりの教育を、ということで始めて、そしてラジオでは「子ども電話相談室」の回答者になってということで、一躍全国の時の人になっていくという形で進んでいくわけですけれども、おそらくその過程の中で、「狸森」で頑張っていた少年たちあるいは保護者の思いは、おそらく複雑だったのだろうと、容易に想定できると思うんですね。そこら辺のお話が藤三郎さんにとっても当事者として一番知っている部分ではないかと思いますし、先程からお話の中で出てきている無着先生の良かった面と教え子としては辛かった部分という形で出てきているんではないかなと思うんですけれども。

佐藤：私が質問したいんだけれども、明星学園での教え子が沢山いるわけです。その人たちをどうしてこういう場に出させないんですか。私はおかしいと思っているんです。答えてもらいたいな。

司会：逆質問なんで、どなたかお答え出来る方。安達さん、どうですか。

安達：僕が答えられるか分からないんですけれども、明星学園には何年か通ったことがありますので知っているんですけれども、あそこにはそれぞれ個人的に特色を持った教師たちが集まっていて、その教師たちがその自分たちの教育実践をやっていた。体育、美術、音楽、国語、算数もあります。それぞれをやっていて、それぞれを明らかにして全国に発信したということだと思うんですね。ですから、その教師たちからも子どもたちは教えを受けていた、どうなんでしょうね。

佐藤：『無着先生と一二年戦争』という本がありますよね。

司会：ああ、ＰＴＡ関係のね。

佐藤：明星学園では、無着先生の教えはダメだ、取り入れられないというので、東京の学校では、結果的には学校を去っているわけです。そのわけの本当のことは分からないけれども、とにかく辞めているわけです。そのときのマスコミに対する答えは、私は五五歳になったら辞めようと思っていた、という答え方も私からみれば妙なんだね。辞めようと思ったときに辞めろと言われたというふうに答えているんだけれども。

安達：上手く説明できないんですけれども、僕たちが象徴的に知っているのは、『わかるさんすう』（遠山啓、むぎ書房）みたいなものを作っていこうという、誰でも習得できるものを作っていこうという取り組みをしたということは、一つあると思うんですね。そこに明星学園の、点数だけではない学校作りというのがあって、そこで、東京都にいなかった人間が言うことではないですけれども、さまざまな軋轢はさまざまな人とあっただろうということは想像に難くないですけどね。だから、子どもたちの全面的な発達というものを何とかしたいという取り組みは、学校の校舎の造りから授業からさまざまなことを通して僕たちは一日あそこの授業公開を通じて実感しましたからね。自由にやるという形でありました。

佐藤：私も一回だけ明星学園に行ったことがあるんです。そのとき寒川道夫先生が私の所に寄って来て、「藤三郎さんの方が無着先生より学がありますよ」と言ったんです（笑）。どういう意味か分からないけれども。あの先生もあまり仲良くなかったんだなと思って、びっくりしたことを今も忘れないでいます。明星学園に行って、立派な先生になっているはずなんだけど、その実績があまり表に出ていないんで、最初の三年間だけが今も「山びこ学校」「山びこ学校」と言われることが一体何なんだろう、といった思いがするんだけど。

司会：先程藤三郎さんのお話の中で、「寒川道夫さん」の話が出てきました。大関松三郎という少年の『山芋』という詩集を使って子どもたちの教育をしたという、ある意味では同じ世代の教育の代表格の先生のひとりですけれども、明星学園は、今、お話があったように、全国からある種特別な授業をやっている人を集めて、自由な雰囲気の中で授業をしているという、そういうスタイルの学校だと思うんですね。その一方で、公立中学校でそれをやっていたということが、大きな、戦後民主主義教育の金字塔なんだということだと思うんです。あと併せて、私、今お話伺いながら、無着成恭の教育実践は、無着成恭ひとりではできないわけで、その教え子がいなければならないわけで、藤三郎さんの位置というのは大きいと思うわけですね。そういう意味で藤三郎さんあっての、無着成恭の『山びこ学校』ということをきちんと捉えておかないと、見えてこなくなるのかなぁと思います。そこら辺、藤三郎さんどうでしょうか。ひとりではできない実践なわけですから。

佐藤：立派な人間だったと思いますよ。あの映画の頃は、今もそうだと思うけれども、まずあの頃はお金も無かったし、社会環境も今とは全然違うわけです。今は指導要領というのがあって、指導要領に基づいて作られた教科書で、その通りにやれば東大に入れるみたいなシステムでしょ。それがあのころは、学習指導要領もクソもなかったんですね。敗戦直後の昭和二三年でしたから。だから、たとえば「国語の授業はどんなふうだったんですか」と言われてもね、国語の教科書なんか使わないで、『一握の砂』という啄木の歌詩を帳面に写させてね。短歌を毎日三首ずつ書かせられたりしてね、だから教科書が進まないです。

フロア：私は前から無着成恭さん自身が変質しているというか、変わっているというか、東京に出てきてからという印象を持っているのですが、いかがでしょうか。

佐藤：明星学園で、ちょっと悩んだり苦しんだりしているんだなぁと思ったことがあります。明星学園なんかに行かないで、夜間中学みたいなところとか、僻地の村の学校とかね、そういう所に行ってまた同じようなことをやればね、もっと違っていただろうに、あの明星学園なんていうのは金持ちの子どもの入る、そしてあそこ早稲田大学の中等科みたいだという話もあるからね（笑）、ああしたところに行って、今仰ったような批判に答えようとしたのは、道を間違ったんじゃないかと思ったりするんですけれども。なんだかよく分からない。本当よく分からないんです。

佐藤：私たちの師をなされた三年間の実践ていうのは、やっぱり素晴らしいものだったと思います。今年の東大の入学式の時の学長の挨拶のことばが、私の本のタイトルの「ずぶんのあだまで考えろ」っていうことをある人からお聞きして笑いました。東大の総長がそのように言うのだから、素晴らしい本なんで、皆さんぜひ買ってください（笑）。それが教育の基本というかな、学問の基本というかな、それは間違いない立派なものだと思いますね。

司会：それではこれまでのセミナーの内容を踏まえて、最後のコメントをいただければと思います。

佐藤：農村など地方の勉強会では、頭の髪が無くなった人と白くなった人ばかりが集まってきて、昔のことの戯言を言う、「昔はこうだった」とかばかり言っている。本当は二〇代くらいの学生とか先生になったばかりの人とかが集まってこう議論をする場をどうして作れないんだろうかなぁと、いつも思うんです。人間は青春の時にどういう影響を受けるか、青春のときに出会った人によって人間は変わると言われてます。昔ですと、農村の青年団員の大体が農業高等学校を卒業するか、あるいは中学校で終わる人たちで、いわゆる中期青年教育というかな、そのような人たちの学びの場でした。青春時代に学んだことは、生涯に影響する、その人の生き方に影響すると言われています。今はそれが大学生だと思うんです。だから大学の先生がもっと頑張ってね、無着成恭さんのような教育をやってくれればと自分は思うんです。今日も頭の白い人や髪の無くなった人、私のような人ばかり多いけれども、そんな人だけじゃなくて、二〇代の人がこういう場を持って勉強する機会があればいいなぁと思ったのが、今日の私の感想でございます。べらべら喋ってしまいましたが、聞いてくださってありがとうございました。

あとがき

二〇一一年より、戦後教育実践セミナーを開催し、戦後におけるさまざまな教育実践について学びを深めてきました。セミナーの趣意書には、これからの教師に求められる実践力、教育力、人間力について考え、そうした教師を育てるうえで、戦後わが国で取り組まれてきた教育実践の成果と課題から学ぶことが大切だと考えたからです。そして、今、子どもたちの教育が大きな課題とされる中で、戦後教育をふりかえり、その実践者から直接話を聞くことによって、教育現場における教育実践への関心が高まり、取り組みが進むきっかけになることを期待します。

本書は戦後教育実践セミナーでお話し頂いた講演内容をもとに加筆およびご家族からの協力を頂いた内容と本研究所研究所員の執筆を加えて完成することができました。

本書に掲載した講演者は以下の通りです。（所属・職位等は開催当日のもの）

二〇一一年七月二三日（土）

テーマ：「学校づくりと美術の授業でめざしたもの」

講　演：久保嶋信保氏（元中学校教師、『美術の授業を創る』著者）

テーマ：「学級通信ガリバー」を通してめざしたもの

講　演：村田栄一氏（元小学校教師、『戦後教育論』著者）

二〇一一年七月三〇日（土）
テーマ：「綴方運動のめざしたもの」
講　演：乙部武志氏（綴方理論研究会代表）
テーマ：「伊那小における総合学習創設期の実践」
講　演：大槻武治氏（長野県・箕輪町前教育長）

二〇一二年一二月二二日（土）
テーマ：「授業と科学　仮説実践授業の「授業書」の考え方」
講　演：板倉聖宣氏（板倉研究室室長）

二〇一三年一二月二一日（土）
テーマ：「無着成恭の教えと佐藤藤三郎の学び」
講　演：佐藤藤三郎氏（農業問題評論家、作家、「山びこ学校」の卒業生）

本書は早稲田大学総合研究機構の出版補助費を得て出版することが出来ました。ご支援を頂きましたことを厚くお礼を申し上げます。また、この著作の出版を快く引き受けてくださいました学文社、また出版に際してさまざまな助言を頂きました担当の落合絵理さんには心より感謝申し上げます。

二〇一九年五月

「戦後教育実践セミナー」編集委員会　安達　昇

早稲田大学教師教育研究所（プロジェクト研究所）

◎早稲田大学教師教育研究所は研究活動を続けています

早稲田大学教師教育研究所（所長　藤井千春教育・総合科学学術院教授）は2002年にプロジェクト研究所として活動を開始しました。それから今日まで研究所は絶えず現代の教育課題と向き合い教員養成、教員採用、教員研修、教育政策、教育実践、教材開発、実践交流などについて研究、実践、提言を行ってきました。小さな研究所として出発しましたが現在では全国から多くの会員が校種を超えて参加しています。行事として教師教育研究フォーラム、教育実践史セミナー、構成員研究会などをワセダの杜で開催し、研究、実践、交流を続け、成果を内外に発信していく参加・発信型の研究所です。

教師教育研究フォーラムでは「教育の今　実践力のある教師を育てる」をテーマに、現代の教育課題を外部の講師をお招きしてシンポジウム等を開催しています。

構成員研究会では研究所の構成員が自らの研究、実践を報告し、参加者と討論して報告内容を深める場となっています。

教育実践史セミナーでは実践者（当事者）をお招きして当時の背景や教育実践について講演と鼎談を通して実践の思いについて継承しようとしています。成果については、紀要「教師教育研究」で明らかにしています。紀要は研究論文、実践論文、研究ノート、実践報告および研究所が開催した行事を掲載しています。またこれらの活動はいずれも早稲田大学総合研究機構の支援を受けています。

◎教師教育研究所で招聘研究員として発信しませんか（若干名、審査あり）

教師教育研究所に招聘研究員として参加をして研究を発信してみませんか。本研究所は70名を超える会員を擁し、早稲田大学専任教員、公立・私立、また、初等・中等・高等教育の教員、管理職及び教員OB・OG、他大学の教員などをメンバーとして研究活動を進めています。「学生と教育現場と研究者、市民」が一つになって実践交流を進めています。招聘研究員は構成員研究会での研究発表や実践報告、あるいは研究紀要へ執筆ができます（研究紀要の掲載につきましてはレフリー制を採用）。

◎教師教育研究所の情報はホームページから発信します

研究所ではホームページを開設しています。研究所の活動、報告、イベント、招聘研究員の申し込み、紀要の執筆要項等は教師教育研究所ホームページをご覧ください。

・早稲田大学教師教育研究所 HP　http://www.waseda.jp/prj-kyoshikyoiku/

執筆者プロフィール

○藤井千春

早稲田大学教育・総合科学学術院教授　博士（教育学）　早稲田大学総合研究機構教師教育研究所所長

専門は教育哲学・教育思想。主な著書『ジョン・デューイの経験主義哲学における思考論』（早稲田大学出版部）など多数。

○野口穂高

早稲田大学教育・総合科学学術院准教授　早稲田大学総合研究機構教師教育研究所研究所員

専門は教育史及び特別活動。主な著書は『教育原理』（共著、玉川大学出版部）等。

「戦後教育実践セミナー」編集委員会

研 究 所 員　藤井千春、野口穂高

招聘研究員　安達　昇、小林柚実子、鈴木亮太、須藤　勝、井原淑雅、真鍋健太郎
　　　　　　小室桃子、小野由美子、遠藤紳一郎、神永典郎、萩原章太、塩崎　正

第1巻担当　小林柚実子（久保嶋信保氏担当）
　　　　　　安達　昇（村田栄一氏担当）
　　　　　　井原淑雅（乙部武志氏担当）
　　　　　　真鍋健太郎（大槻武治氏担当）
　　　　　　小室桃子（板倉聖宣氏担当）
　　　　　　小野由美子（佐藤藤三郎氏担当）

戦後教育実践セミナーⅠ
戦後の教育実践、開拓者たちの声を聴く

2019年6月20日　第1版第1刷発行

監修　早稲田大学教師教育研究所
編者　「戦後教育実践セミナー」編集委員会

発行者　田中　千津子
発行所　(株)学文社
〒153-0064　東京都目黒区下目黒3-6-1
電話　03（3715）1501（代）
FAX　03（3715）2012
http://www.gakubunsha.com

印刷　新灯印刷（株）
定価は売上カード，カバーに表示。

ISBN978-4-7620-2908-0